HEYNE BÜCHER

SCIENCE FICTION

Herausgegeben
von Dr. Herbert W. Franke
und Wolfgang Jeschke

Vom gleichen Autor erschienen außerdem
als Heyne-Taschenbücher

Conan · Band 3202
Conan von Cimmeria · Band 3206
Conan der Freibeuter · Band 3210
Conan der Wanderer · Band 3236
Conan der Abenteurer · Band 3245
Conan der Krieger · Band 3258
Conan der Usurpator · Band 3263
Conan der Eroberer · Band 3275
Conan der Rächer · Band 3283
Conan von den Inseln · Band 3295
Der Schmetterlingsthron · Band 3439
Die Uhren von Iraz · Band 3484
Die Räder der Zeit · Band 3575
New York lag einst am Bosporus · Band 7001

LYON SPRAGUE DE CAMP

DAS ORAKEL DER FREMDEN

Ein klassischer Science Fiction-Roman

Deutsche Erstveröffentlichung

WILHELM HEYNE VERLAG
MÜNCHEN

HEYNE-BUCH Nr. 3584
im Wilhelm Heyne Verlag, München

Titel der amerikanischen Originalausgabe
ROGUE QUEEN
Deutsche Übersetzung von Friedl und Yoma Cap

2. Auflage
Redaktion: E. Senftbauer

Printed in Germany 1979
Umschlagbild: Olof Feindt (Van Vindt)
Umschlaggestaltung: Atelier Heinrichs, München
Gesamtherstellung: Mohndruck Reinhard Mohn GmbH, Gütersloh

ISBN 3-453-30479-9

Inhalt

Für Willy Ley

ANMERKUNG DES AUTORS: Obwohl der Leser die ormazdinischen Wörter in diesem Roman natürlich aussprechen kann, wie er mag, würde ich folgendes vorschlagen: *a* wie in ›Vater‹, *e* wie in ›Bett‹, *i* wie in ›wissen‹, *o* wie in ›Moor‹, *u* wie in ›dumm‹ zu sprechen; ein von einem Vokal gefolgtes *y* wird wie j gesprochen (›York‹), ein *y* vor einem r wird zu ü wie in ›Myrte‹; ansonsten ist *y* ein dunkles i wie in ›Zyste‹. Alle anderen Vokale haben in Vokalkombinationen dieselben Lautwerte wie alleinstehend: *Gliid* wird also ›gli-id‹ gesprochen, *Yaedh* ›ja-edh‹; *dh* steht für das stimmhafte englische ›th‹, *lh* für das stimmlose l, vergleichbar dem walisischen ll; *rh* ist das stimmlose, nicht gerollte r. *kh* ist ein Gaumenreiblaut, vergleichbar dem deutschen ›ch‹ in ›Teich‹. *Viagens* (ein portugiesisches Wort): das g wird ausgesprochen wie in ›beige‹. Ein Glossar von ormazdinischen Wörtern und Namen ist dem Buch angefügt, ist aber für das Verstehen der Handlung nicht notwendig.

I

Das Volk

Die Melderin richtete sich vom Sitz ihres Wagens auf und knallte scharf mit der Peitsche. Das Ueg, dessen große Pfoten die Deichsel umklammerten, verdrehte den langen Hals, grunzte empört und steigerte sein Tempo ein wenig. Einige vielgliedrige Kriechtiere huschten über den nassen Ufersand und verschwanden mit kleinen Platschern in den Wellen der Scharlachsee.

Sobald das Patschen der großen, flachen Füße des Uegs langsamer wurde, ließ Rhodh von Elham wieder ihre Peitsche knallen. Dieses Ueg war ein alter Heuchler und verstand es, an das Mitleid des Fahrers zu appellieren. Da aber das Hügelland bereits hinter ihnen lag und sie nur mehr etwa eine halbe Stunde Fahrt vor sich hatten, dachte Rhodh nicht daran, Mitleid an das dumme Vieh zu verschwenden. Außerdem war die Nachricht, die sie brachte, für das Volk wichtiger als das Leben eines Uegs, ja sogar einer Arbeiterin wie ihr.

Der Wagen hüpfte und neigte sich schräg, als das Ueg die Uferböschung hinauftrabte, um auf das Straßenstück zu gelangen, das am Fuß der Khinad-Klippe entlangführte und die Landspitze abschnitt. Rhodh gönnte sich nur einen flüchtigen Blick auf die verfallenen Türme von Khinam, die wie eine Fortsetzung der schroffen, verwitterten Felsen hochragten, obwohl eine Arbeitsgenossin, Iroedh, versucht hatte, sie für die alten Artefakte zu interessieren, die man in den Ruinen finden konnte. Das war bestenfalls etwas für Drohnen, die ohnehin mit der Zeit zwischen ihren Berufungen nichts Besseres anzufangen wußten, als närrische, rhythmische Geräusche zu produzieren, oder vielleicht für Iroedh, die schon immer ein bißchen verrückt gewesen war.

Sie selbst hatte noch nie das geringste Interesse für das

Treiben ihrer entfernten Vorfahren aufbringen können. Wesen mit so tierischen Sitten, wie sie in der *Idhios*-Legende beschrieben wurden, konnten bestimmt nichts geschaffen haben, was eine pflichtgetreue Arbeiterin interessieren konnte. Überdies hatte sie ein höheres Ziel als die Ansammlung nutzlosen Wissens. Eines Tages würde sie, Rhodh, im Rat sitzen und etwas unternehmen gegen Rundtänze und ähnlichen, zeitvergeudenden Unsinn. General Rhodh? Außenminister Rhodh? Bei ihrer hohen Leistungseinstufung und ihrem vorbildlichen Gemeinschaftssinn gab es nichts, was sie nicht erreichen konnte.

Rhodh knallte wieder mit der Peitsche, und diesmal bekam die lederne Haut des Uegs etwas ab. Das Zugtier quietschte und stemmte sich mit plötzlichem Eifer gegen die Deichsel. Die Nachricht mußte dem höchsten Offizier von Elham schnellstens überbracht werden; wenn der Rat ihre Bedeutung nicht begriff, mußte die Königin selbst informiert werden.

Die Sonne stand schon tief hinter einem Dunstschleier, als Rhodh ihren Wagen an der Außenmauer der Stadt anhielt. Die Wachen kannten Rhodh und ließen sie ohne formelle Identifikation durch. Sie fuhr weiter, auf die Gruppe miteinander verbundener Kuppeln zu, die sich in der Mitte des Stadtparks erhoben.

Vor dem Eingang rief sie dem Ueg ein scharfes *»Branio!«* zu, band das Tier fest und marschierte zum Haupttor. Zwei Arbeiterinnen standen rechts und links vom Tor Wache; ihre frisch polierten Messingkürasse, ihre metallbesetzten Schurze, Beinschienen und federbuschverzierten Helme blitzten in der Sonne. Sie hielten ihre Lanzen reglos gerade und bemühten sich erfolgreich um möglichst ausdruckslose Mienen.

Rhodh kannte sie. Die links war die junge Tydh, eine tüchtige, recht vernünftige Arbeiterin; die andere war diese versponnene Vergangenheitsträumerin Iroedh.

Noch wenige Minuten zuvor waren die beiden Wachen bequem dagestanden, während Tydh schwatzte und Iroedh eine reife Vremoel aß und halb zuhörte, halb vor sich hinträumte.

». . . und man sollte meinen, daß jeder Narr etwas Besseres zu tun wüßte, als gerade jetzt Königinnen zu wechseln, wo uns der Schlachtruf der Arsuuni praktisch in den Ohren gellt. Ich weiß, daß Intars Legeleistung gesunken ist – na und? Für die Erhaltung des Volkes reicht's allemal, aber wenn diese Räte sich mal etwas in den Kopf gesetzt haben . . .«

Iroedh bemerkte zwischen zwei Bissen: »Wir wissen ja gar nicht, ob die Königinnen wirklich gewechselt werden.«

»Intar kann die Herausforderung nicht ignorieren . . . Oder glaubst du vielleicht, daß sie Prinzessin Estir töten kann? Nicht sehr wahrscheinlich; sie ist dick und kurzatmig, während Estir sich geschmeidig bewegt wie ein Noag auf der Jagd und mit ihrer Lanze umgehen kann wie ein Tvaarmsoldat. Gewiß, es wird manchmal behauptet, daß Intar spezielles Glück hätte. Jedenfalls brauchen wir für die Auseinandersetzung mit den Arsuuni nicht eine flinke junge Königin, die so hoch springen kann, wie sie groß ist, und im königlichen Duell eine alte besiegen kann, sondern eine erfahrene, listige, die . . .«

Iroedh sichtete Rhodh, schlang den letzten Bissen ihrer Vremoel hinunter, warf den Kern in die Büsche und sagte: »Achtung! Ein Wagen kommt.«

Tydh nahm Haltung an, schwatzte aber weiter. »Das ist Rhodh, sie wurde wegen dieser geplanten Kolonie in Gliid nach Tidhem geschickt. Sie ist doch immer in irgendwelchen Aufträgen unterwegs; es heißt, daß sie es wohl noch schaffen wird, in den Rat ernannt zu werden. Sie sollte Königin Maiur eine Abtretungserklärung für dieses Tal . . .«

»Laß das Geschwätz jetzt.«

»Aber sie ist doch eine von unseren . . .«

»Ich sage, laß es!«

Da Tydh die jüngere war, blieb ihr nichts anderes übrig, als den Mund zu halten. Der Wagen kam heran und hielt. Iroedh sah reglos zu, wie Rhodh die Stufen heraufstapfte: sie trug einen breiten Schirmhut, Schnürstiefel und einen Reisemantel aus langen Suroel-Fasern, den sie über die Schultern zurückgeworfen hatte, weil es ziemlich warm war, und ansonsten nur noch einen Dolch an einem leichten Wehrgehänge. Ihre Lanze hatte sie beim Wagen gelassen.

Iroedh sah ihr mit gemischten Gefühlen entgegen. Früher einmal hatte sie Rhodh gern gehabt, in der Annahme, daß sie ihre eigene Begeisterung für die vergessenen Künste des Altertums teilte. Damals waren sie allerdings beide noch sehr jung gewesen, und mit der Zeit war Rhodhs Interesse an Iroedhs Steckenpferd in dem grimmigen Pflichteifer der idealen Avtiny-Arbeiterin untergegangen. Eine Zeitlang hatte Iroedh in ihrer Enttäuschung Rhodh beinahe gehaßt, aber dann war dieses Gefühl nach und nach einem vagen Bedauern gewichen.

Rhodh rief mit vor Erregung hoher Stimme: »Schwestern, wer ist das zur Zeit anwesende ranghöchste Ratsmitglied? Ich muß sie sofort sprechen!«

»Großer Eunmar!« sagte Tydh. »Was in Niond ist denn los, Rhodh? Hat uns ein anderes Volk den Krieg erklärt?«

»Nicht jetzt. Rasch – wer ist die Ranghöchste?«

»Gehen wir mal die Liste durch«, sagte Iroedh. »Der General ist natürlich beim Spähtrupp an der Tvaarm-Grenze. Der Versorgungsoffizier ist zum Acht-Tag nach Tidhem gefahren. Der Aufzuchtsoffizier ist krank. Der Außenminister hat den General begleitet; der Königliche Rat wohnt dem Legen der Königin bei . . . Bei Gwyyr, es ist nicht ein Ratsmitglied verfügbar!«

»Das ist unmöglich! Das Gesetz verlangt, daß zumindest eines jederzeit erreichbar ist.«

»Ja, das sollte der Aufzuchtsoffizier sein, aber sie hat plötzlich Krämpfe bekommen. Inzwischen . . .«

»Dann muß ich zur Königin!«

»Was?« riefen Iroedh und Tydh zugleich.

»Königin Intar von Elham selbst, und zwar sofort!«

»Bist du wahnsinnig?« fragte Iroedh. »Sie legt gerade!«

»Da kann ich auch nichts machen. Diese Nachricht ist wichtiger als ein Ei mehr oder weniger.«

»Völlig ausgeschlossen – es sei denn, Königin Omvyrs Krieger sind im Anmarsch.«

»Es ist noch etwas viel Wichtigeres. Über die Arsuuni wissen wir wenigstens alles Notwendige.«

Tydh sah Iroedh an, die als die ältere die Entscheidung treffen mußte. »Das wagen wir nicht, Iroedh. Die Vorschriften sind streng. Wir würden bestraft werden.«

Iroedh sagte jedoch: »Erzähl uns deine Geschichte, Rhodh, dann werde ich darüber entscheiden.«

Rhodh fächelte sich mit ihrem breitkrempigen Hut. »Blödsinnige Zeitverschwendung . . . Aber mir bleibt wohl nichts anderes übrig. Hmmm. Also, wie die Vertreterin von Königin Maiur von Tidhem und ich nach Gliid fuhren, um die Grenzen der geplanten Kolonie festzulegen, kamen wir gerade zurecht, wie ein – ich weiß nicht, wie ich es nennen soll – ein Luftschiff oder ein Himmelswagen dort landete, dem Wesen von den Sternen entstiegen, die sich *Menschen* nennen.«

Iroedh und Tydh tauschten höchst verblüffte Blicke. Die Jüngere meinte: »Das ist doch unmöglich, liebe Rhodh! Es ist längst bewiesen, daß die Sterne viel zu heiß sind, als daß es Leben auf ihnen geben könnte. Oder ist das eine neue Variante von diesen alten Legenden, wie Iroedh sie sammelt – daß die Götter eines Tages unsere Welt besuchen?«

»Ich versichere euch«, sagte Rhodh pikiert, »daß ich diese Wesen mit eigenen Augen sah und mit ihnen sprach. Und mich hat noch niemand einer Lüge bezichtigt. Es scheint, daß viele Sterne von Welten wie der unseren umkreist werden, und daß es auf vielen dieser Welten Leben gibt. Es existiert sogar eine Art interstellare Regierung, die Interplanetarer Rat genannt wird. Diese Menschen gehören zu den fortgeschrittensten der zivilisierten Rassen auf diesen anderen

Welten – zumindest, was die Naturwissenschaften betrifft –, und sie haben ein Himmelsschiff ausgesandt, das unsere Welt erforschen soll, etwa wie wir eine Galeere ausschicken würden, um irgendeine Insel in den entfernteren Regionen der Scharlachsee zu erforschen.«

Als Rhodh eine Pause machte, um zu Atem zu kommen, warf Tydh ein: »Es ist ganz so, wie das Orakel von Ledhwid prophezeit hat:

›Wenn die Wasser steigen und Sterne fall'n,
wenn bronzen blühen die Kuppeln,
dann wird sehr klug der Drohnenmann sein,
der fern von Volk und Kuppeln
sich sucht ein neues Heim.‹«

»Ich nehme an, du willst damit andeuten, daß unsere Drohnen abtrünnig werden, wenn ein Himmelsschiff von den Sternen kommt«, sagte Rhodh. »Nun, *das* werden wir schon zu verhindern wissen!«

»Aber sag, wie sehen diese Menschen aus? Haben sie viele Beine wie ein Dhwyg, oder sind es Gallertwesen wie die Husg?«

»Sie sehen eigentlich ungefähr wie wir aus – mit verschiedenen Unterschieden.«

»Zum Beispiel?« fragte Tydh.

»Ach, sie sind ein bißchen kleiner als wir und haben statt unserer roten Hautfarbe eine gelbe oder braune; sie haben an Händen und Füßen jeweils fünf statt vier Finger; ihre Ohren sind groß und am Rand irgendwie gekräuselt; sie haben runde Pupillen und nicht schlitzförmige wie wir; ihr Kopf ist ganz mit Haaren bewachsen und nicht nur wie bei uns mit einem Mittelstreifen, der bis über den Rücken geht; und – naja, eine ungefähre Vorstellung habt ihr damit. Was viel wichtiger ist – sie haben keine Arbeiterkaste!«

»Ja, aber wer hat denn dann dieses Himmelsschiff gebaut und bemannt?« erkundigte sich Iroedh.

»Ihre Drohnen und Königinnen. Die Besatzung des Schiffs

besteht im wesentlichen aus Drohnen, plus zwei oder drei Königinnen. Als ich fragte, wo ihre Arbeiterinnen wären, brauchten sie eine ganze Weile, bis sie die Frage überhaupt verstanden, und dann erklärte mir der eine, der unsere Sprache gelernt hatte, daß es bei ihnen keine gäbe – daß sie alle fortpflanzungsfähige Männchen und Weibchen seien.«

»Was!« rief Iroedh entgeistert.

»Und diese Wesen nennst du zivilisiert?« sagte Tydh. »Wo sie sich wie Tiere vermehren?«

»Über diesen Punkt will ich jetzt nicht streiten«, erklärte Rhodh. »Ich versuche euch nur beizubringen, daß dieses Ereignis von ungeheurer Bedeutung für unser Volk sein kann, im Guten wie im Schlechten, und daß ihr mich deshalb sofort zur Königin lassen müßt!«

Tydh sagte: »Wenn du nur eine Stunde wartest, dann ist die Königin mit dem Legen fertig, und der Königliche Rat hat das Ei geprüft und in den Inkubator gebracht . . .«

»Nein«, sagte Iroedh. »Ich bin auch der Meinung, daß wir uns sofort um diese Angelegenheit kümmern müssen. Wir gehen zur Königin und . . .«

»Aber die Vorschriften!« jammerte Tydh. »Man wird uns bestrafen . . .«

»Ich übernehme die Verantwortung«, sagte Iroedh. »Du kannst hierbleiben, Tydh.«

Iroedh brachte Rhodh durch die verzweigten Gänge zur Zentralkuppel. An der Tür des Vorraums zu den Gemächern der Königin waren Sonderwachen postiert, denn Prinzessin Estir war nahezu erwachsen, und ein zufälliger Zusammenstoß mit der Königin mußte verhindert werden, bis der formelle Kampf um die Nachfolge stattfand. Im Vorraum saß ein etwas untersetzter Drohnenmann in sichtlich guter Laune. Als Iroedh mit klirrender Rüstung näher kam, rief er: »Hallo, Schöne!«

»Glück, Antis«, sagte Iroedh. »Du bist heute abend dran?«

Antis grinste. »Klar. Sie würde mich auch außerhalb der

Reihenfolge rufen, wenn sie's wagte. Und morgen ebenfalls, wenn ich kann – naja. Wie steht's mit dir?«

»Ich muß arbeiten. Reinigungsdienst.«

»Schade. Nur Arbeit und kein Vergnügen, das ist traurig für die gute Iroedh . . . Sag's mir, wenn du mal einen Tag frei hast.«

Iroedh merkte, daß Rhodh sie mißbilligend anstarrte. In diesem Augenblick ging die innere Tür auf, und Iroedh sagte zu der herausschauenden Arbeiterin: »Wache Iroedh und Melderin Rhodh wollen die Königin sprechen.«

»Sie legt aber genau in diesem Augenblick! Ich kann euch nicht . . .«

»Es ist ein äußerst dringender Fall. Informiere mich sofort, wenn das Ei gelegt ist! Ich übernehme die Verantwortung.«

Die Arbeiterin zog sich in das innere Gemach zurück; nach einer Weile erschien sie wieder und sagte: »Es ist gelegt, und sie wird euch vorlassen. Aber sie meint, eure Nachricht sollte lieber wirklich äußerst wichtig sein.«

Königin Intars Lehnstuhl quoll über mit ihrer schlaffen Körperfülle. Eine Arbeiterin setzte gerade eine Brustpumpe an ihre üppigen Milchdrüsen an. Das Ei lag in der Sandkiste, und der Königliche Rat malte mit einem Stift Kennsymbole darauf.

»Nun?« fauchte die Königin. »Sagt mir bloß nicht, daß ihr meine Legeperiode stört, nur um mich zu informieren, daß die alte Maiur ihre nichtexistenten Ansprüche auf Gliid nicht aufgeben will! Ich habe Arbeiterinnen schon aus geringerem Anlaß auspeitschen lassen.«

»Glück und viele Eier, Königin«, sagte Iroedh. »Ich übernehme die Verantwortung für diese Störung. Bitte laß Rhodh sprechen.«

Rhodh wiederholte ihren Bericht mit weiteren Einzelheiten. Als sie die sexuelle Ordnung der Menschen beschrieb, beugte sich Königin Intar vor und fragte: »Könnten diese angeblich fortpflanzungsfähigen Männchen nicht einfach sterile Männchen sein, ich meine, eine Kaste von männlichen

Arbeitern, vergleichbar mit unseren sterilen Arbeiterinnen?«

»Nein; zumindest behaupten sie, daß es nicht so ist. Wir konnten ja nicht gut Beweise verlangen.«

»Bedeutet dieses zahlenmäßige Mißverhältnis, daß es bei ihnen sehr viel mehr Männchen als Weibchen gibt?«

»Auch das nicht. Die beiden Geschlechter sind sich in der Zahl etwa gleich, aber da das Weibchen kleiner ist und lebende Junge gebärt, nehmen Frauen selten an so anstrengenden Unternehmungen wie einer Forschungsexpedition teil.«

»Armselige Weiber, das! Sind sie eigentlich Säuger so wie wir, oder füttern sie ihre Jungen mit allem möglichen Zeug?«

»Sie sind Säuger; diese fortpflanzungsfähigen Weibchen hatten voll entwickelte Brustdrüsen – natürlich nicht so prächtige wie du, Königin.«

Es sah Rhodh ähnlich, dachte Iroedh, bei jeder Gelegenheit irgendein speichelleckerisches Kompliment unterzubringen. Die Königin erkundigte sich: »Wie werden sie befruchtet?«

»Ich hatte keine Gelegenheit, ihre Fortpflanzungsorgane zu untersuchen, aber . . .«

»Das meine ich nicht; ich meine, welchen gesellschaftlichen Regeln unterliegt der Akt? Fallen sie einfach übereinander her, wie die Tiere?«

»Im Gegenteil; sie haben in dieser Hinsicht sehr strenge Regeln. Während der langen Reise von ihrem Stern zu uns durfte nicht einer dieser vielen Männer . . .«

»Welcher Stern ist das?«

»Wir können ihn von hier nicht sehen, aber sie zeigten auf die Konstellation Huusg. Sie nennen ihn Sol oder Son, und ihre Welt Terra oder Yrth je nach der Sprache.«

»Was wollen sie hier?« fragte die Königin.

»Sie sagen, sie möchten nur unseren Planeten studieren und versuchen, einer früheren Expedition auf die Spur zu kommen, die auf Niond verschollen ist. Das behaupten sie jedenfalls.«

»Ich habe noch nie von sowas gehört. Kann man ihren friedlichen Absichten trauen?«

Rhodh zuckte die Achseln. »Ich finde, man kann Wesen, die nicht nur von einem anderen Volk oder einer anderen Rasse stammen, sondern von einer anderen Welt, nicht von vorneherein trauen. Sie können aufrichtig und harmlos sein – das Orakel allein mag das wissen. Ich persönlich habe etwas gegen Leute, die behaupten, von reinem Wissensdurst bewegt zu sein, egal, ob dieses Wissen einen praktischen Nutzen hat oder nicht.« Dabei streifte sie Iroedh mit einem scharfen Blick.

Königin Intar fragte weiter: »Was halten sie von uns?«

»Anfangs schien es, als hätten sie ein wenig Angst vor uns – so wie wir vor ihnen. Als sie aber merkten, daß wir außer Lanzen keine Waffen hatten, wurden sie recht freundlich und schienen sich über unsere Bräuche und Verhältnisse ebenso zu amüsieren, wie wir über die ihren erstaunt waren. Dieser Dolmetscher, der Blos oder Blok genannt wird, sagte mir, unser Kastensystem erinnere ihn an ein kleines, geflügeltes Wesen, das ›*Biin*‹ oder so heißt und auf seiner Heimatwelt um seines süßen Sekrets willen gezüchtet wird.«

»Ich hoffe, du hast ihnen keine Informationen gegeben, die einem Feind nützen könnten!«

»Nein, nein, ich habe sehr aufgepaßt . . .«

Nach kurzem Überlegen sagte die Königin: »Dieses Ereignis kann Gutes wie Böses bringen, das erkenne ich deutlich. Alle Omen weisen auf eine bedeutsame Entwicklung hin . . . Wenn wir diese Wesen nur irgendwie gegen die Arsuuni einsetzen könnten . . . Wenn wir zum Beispiel eins gefangennehmen, um die anderen zu zwingen . . .«

»Königin, ich muß mit allem Nachdruck darauf hinweisen, daß sie uns so sehr überlegen sind, daß jede Gewaltanwendung schierer Wahnsinn wäre.«

»Bah. Wieso überlegen?«

»Könnten wir ein solches Schiff bauen?«

»N-nein, aber was heißt das schon? Wie können sie mit ihrem Zauberschiff jemandem etwas tun, außer sie lassen es auf ihn herunterstürzen? Und wenn es nicht sehr viel stabiler als ein normales Wasserschiff ist, würde es dabei wohl zerbrechen wie ein Ei.«

»Sie haben andere Waffen. Ich habe gesehen, wie einer ein angreifendes Vakhnag stellte, mit einem kleinen Metallrohr auf es zielte, und *krach*! fiel die Bestie tot um, ein Loch im Körper, in das ich den Kopf hätte stecken können.«

»Haben sie dir gesagt, wie dieses Gerät funktioniert?«

»Nein. Als ich danach fragte, verhielten sie sich auf einmal sehr ausweichend.«

»Gerissene Kreaturen, scheint es. Was haben sie sonst noch für Dämonentricks auf Lager?«

»Das ist schwer zu sagen. Ich hörte, daß sie ein Gerät hätten, das anzeigt, ob jemand lügt oder nicht. Es gab soviel Neues, daß ich mir nicht alles gleich merken konnte. Wenn ich mich an etwas erinnere, werde ich das natürlich gleich für meinen Bericht an den Rat notieren.«

»Gut.« Intar wandte sich an Iroedh. »Meine gute Iroedh, es war richtig, daß du Rhodh ohne Rücksicht auf das Protokoll gleich zu mir gebracht hast. Geh nun wieder auf deinen Posten und verlasse Elham vorläufig nicht, da ich wahrscheinlich noch weitere Befehle für dich habe. Übrigens, wenn du hinausgehst, kannst du diesem Drohnenburschen sagen, daß ich ihn heute nicht brauche. Ich habe jetzt an Wichtigeres zu denken.«

Als Iroedh wieder durch den Vorraum kam, wo Antis ungeduldig hin und her wanderte, teilte sie ihm die Nachricht mit.

»Schönes Pech!« Antis verzog erbittert das Gesicht, dann hellte sich seine Miene auf: »Wenn das so ist, dann könnten wir doch unser Abendessen mit zu den Ruinen nehmen? Ythidh bewacht heute die Drohnenkuppel, und ich will nicht Antis von Elham heißen, wenn ich ihr nicht entschlüpfen oder sie bestechen kann.«

»Fein«, sagte Iroedh. »Aber Antis, mein Lieber, du darfst

nicht wieder vor anderen unsere Privatvergnügen erwähnen.«

»Tu ich doch nicht.«

»Gerade eben vor Rhodh hast du's getan.«

»Dieser blöden Kreatur?«

»Sie ist nicht so blöd, daß sie nicht verstanden hätte, worauf du hinauswolltest. Es wäre recht unangenehm, wenn sie beim Rat eine Beschwerde vorbrächte. Und es sieht ihr durchaus ähnlich.«

»Was glauben die eigentlich, was ich mit dir treibe? Was *können* wir denn tun, außer unser Nachtmahl essen und gemeinsam nach Antiquitäten suchen?« Er lachte, daß seine prächtigen blauen Zähne blitzten. »Man könnte meinen, du wärst ein fortpflanzungsfähiges Weibchen!«

Iroedh schnüffelte gekränkt. »Manchmal finde ich deinen Sinn für Humor ganz abscheulich.«

Er machte eine wegwerfende Geste. »Vergiß es, meine Schöne. Wir treffen uns also bei Sonnenuntergang in Khinam.«

Iroedh stand schon wieder etwa eine Stunde auf ihrem Posten und begann, nach ihrer Ablösung Ausschau zu halten, als Rhodh erschien und ihr mitteilte: »Königin Intar hat beschlossen, einen Aufklärungstrupp zu dem Himmelsschiff zu schicken, um mit diesen Menschen enger in Kontakt zu kommen. Als Rangälteste werde ich den Trupp führen, da der Außenminister nicht verfügbar ist. Ansonsten kommen Iinoedh, Avpandh, Vardh und du mit.«

Iroedhs Miene leuchtete auf. Es freute sie ganz besonders, daß Vardh dabei sein sollte, denn Vardh war ihr immer eine treue, beinahe anbetende Freundin gewesen.

»Wie schön. Ich danke dir, liebe Rhodh!«

»Hmm! Du brauchst mir nicht zu danken – ich hätte dich nie ausgewählt, und es ist mir auch unverständlich, weshalb es die Königin tat. Es wäre gar nicht dazu gekommen, wenn der Rat funktionsfähig wäre, aber du kennst ja Königin Intar. Der Landwirtschaftsrat muß ein Wort für dich eingelegt haben; es ist ja allgemein bekannt, daß du bei ihr besonders gut angeschrieben bist.«

Iroedh hatte sich das erst verblüfft, dann mit wachsendem Ärger angehört. Schließlich rief sie empört: »Was hast du gegen mich einzuwenden? Ich habe schon früher Aufträge im Außendienst erledigt, und meine Leistungseinstufung ist überdurchschnittlich!«

»Darum geht es nicht – es ist dein Fraternisieren mit einem Drohnenmann, die heimlichen Ausflüge mit ihm, und Ledhwid allein weiß, was noch. Er hat ja heute diese Gerüchte praktisch mit eigenen Worten bestätigt.«

»Und was geht das dich an?«

»Nichts, aber du hast mich gefragt, warum ich nicht begeistert bin, daß du für diesen Auftrag ausgewählt wurdest. Arbeiterinnen, die sich zuviel mit Drohnen abgeben, nehmen nur zu leicht Drohnengewohnheiten an. Sie vergeuden Zeit, trödeln herum und denken an Vergnügungen, wenn sie arbeiten sollten. Sie tanzen und pflanzen Blumen und treiben ähnlichen Unsinn. Nun ja, die nächste Säuberung wird dem ein Ende machen!«

Iroedh, der das Wort ›Säuberung‹ einen Stich versetzte, bemühte sich um eine ausdruckslose Miene und erwiderte kühl: »Ich würde vorschlagen, daß du dein Urteil über meine Eignung für diesen Auftrag erst danach fällst. Wann melde ich mich?«

»Morgen nach dem Mittagsimbiß, in voller Feldausrüstung. Gute Nacht.«

Iroedh sah Antis zu, wie er sich mit Feuerstein und einem Pyrit bemühte, Funken zu schlagen. Als er ein kleines Feuer in Gang gebracht hatte, setzte sie sich auf die Windseite, um nicht den Geruch von garendem Fleisch in die Nase zu bekommen. Es sprach für ihre Zuneigung, daß sie bereit waren, miteinander zu essen – die Freude, die sie an der gegenseitigen Gesellschaft fanden, überwog die Abscheu, die sie über die Ernährungsgewohnheiten des anderen empfanden.

Draußen über der Scharlachsee kreiste ein großer Flugfisch mit flappenden Flossen auf der Jagd nach kleineren Meerestieren – eine schwarze Silhouette vor der blutroten, untergehenden Sonne. Rundum erhoben sich die Ruinen von Khinam in den Abendhimmel, zerborstene Türme, verschlungene Mosaike, Kunstwerke, für die die modernen Avtini wenig Sinn hatten.

Hier stand auch die Gedenksäule von Khinam, zu Ehren irgendeines vergessenen Helden oder Sieges vor langer Zeit errichtet. Das Standbild, das sie krönte, war zu einem pockennarbigen Stumpf verwittert, aber die massiv gemauerte Säule selbst hatte die Jahrhunderte besser überstanden als die meisten anderen Bauten.

Antis blickte von seinem Feuer auf, um den Flugfisch zu beobachten, und stellte fest: »Das ist ein Omen der Veränderung.«

»Was?«

»Wenn ein Flugfisch bei Sonnenuntergang kreist.«

»Ach, du Dummer! Du siehst in allem ein Omen, und irgendwelche Veränderungen gibt's jeden Tag.«

Iroedh begann träumerisch ihr eigenes, mageres Nachtmahl aus Zwieback und Gemüse zu verzehren, während sie in dem immer schwächer werdenden Licht ihre Ausbeute untersuchte.

»Was meinst du«, sagte sie, »was das ist? Für eine Waffe ist es zu dünn, und nach einem Ziergegenstand sieht es mir auch nicht aus. Ein Amtsstab vielleicht?«

Antis blickte von der Leipagkeule auf, die er sich briet. »Das ist ein Telh, ein Musikinstrument der Alten.«

»Wie funktioniert es?«

»Man bläst in das Loch am einen Ende und hüpft mit den Fingern über die anderen Löcher. Erinnerst du dich nicht an das Bild an der Wand des Thronsaals?«

Iroedh blies erfolglos in das Rohr.

»Da fällt mir ein«, sagte Antis, »du darfst nicht gerade in das Loch hineinblasen, sondern darüber – so etwa!« Als Iroedh die Flöte ansetzte, gelang es ihr, dem Instrument einen klagenden Ton zu entlocken. »Komm, laß es mich einmal versuchen.«

»Deine Hände sind fettig!« wandte Iroedh ein.

»Na gut, wenn ich hier fertig bin. Was ist das für ein Buch unter dem anderen Zeug?«

Iroedh zog einen uralten Band aus dem Haufen ihrer Funde. Die Seiten aus Vakhwil-Rinde waren rissig und spröde, und die Schrift war so verblaßt, daß man sie bei dem schwachen Licht nicht mehr entziffern konnte. Jede Schriftzeile wurde von einem Streifen mit einer Art Punktmuster begleitet.

»Ein Liederbuch!« rief Antis. »Das ist wunderbar!«

»Ich nehme an, diese kleinen schwarzen Punkte sagen einem, welches Loch man mit den Fingern zuhält?«

»Wahrscheinlicher welche man offen läßt. Versuch es einmal.«

Iroedh begann zu blasen und bewegte zögernd ihre Finger. Trotz ihrer fehlenden Übung wurde eine stockende Melodie erkennbar.

»Ich glaube, das habe ich schon einmal gehört«, sagte Antis. »Als ich in die Drohnenkuppel aufgenommen wurde, lernte ich einen alten Drohnenmann kennen – er hieß Baorthus – der bei mehreren Säuberungen verschont worden war, weil er seine Pflicht so großartig erfüllte. Er hat manchmal eine solche Melodie vor sich hin gesummt. Ich hätte sie mir damals merken sollen, aber meine neue Aufgabe beschäftigte mich zu sehr, und bei der nächsten Säuberung erwischte es Baorthus dann. Ich habe bis jetzt gar nicht mehr daran gedacht.«

Er wischte sich die Hände an einem Blatt ab und kam näher, um Iroedh über die Schulter zu schauen. »Bei Eunmar! Mit etwas mehr Licht könnten wir den Text und die Noten gleichzeitig lesen, was meinst du? Ich werde das Feuer schüren.«

Er ging fort, während Iroedh stockend weiterflötete. Trokkene Zweige knackten, dann kam Antis mit einem Arm voll Brennholz zurück.

»Also«, sagte er, als das Feuer hell loderte, »fangen wir noch mal von Anfang an. Du spielst, und ich singe.« Stirnrunzelnd studierte er die verblaßte, schnörkelige Schrift. »Diese archaische Schreibweise ist die Pest! Na, versuchen wir's:

›*Niemals quält die Liebe ewig.*
Packt mich plötzlich wie ein Feuer,
wie ein Strom von Wisgards Lava –
wie ein Glutsturm kommt die Liebe.
Wenn mein Lieb ist in der Nähe
find ich Schlaf nicht und nicht Ruhe:
meine Sehnsucht will Erfüllung;
lang und kalt sind sonst die Nächte . . .‹«

Ihre Darbietung litt durch die Tatsache, daß alle paar Takte einer von ihnen unweigerlich den Faden verlor; schließlich endete der Versuch in gemeinsamem Gelächter.

Als sie wieder Luft bekam, fragte Iroedh: »Was ist das für eine ›Geliebte‹, von der da immer die Rede ist?«

»Eine Freundin, nehme ich an; ein anderes Mitglied des Volkes.«

»Ich kann mir nicht vorstellen, daß ich wegen einer Arbeitsgenossin nicht schlafen kann – nicht einmal deinetwegen, mein bester Freund.«

Antis zuckte die Achseln. »Frag das Orakel von Ledhwid. Die Alten hatten ein paar seltsame Sitten. Vielleicht hatte ihre wahllose Ernährung etwas damit zu tun.«

»Ich habe nur einmal eine Avtin gesehen, die von solchen Gefühlen bewegt wurde – das war Ithodh von Yeym, als sie erfuhr, daß ihr ganzes Volk von den Arsuuni vernichtet worden war«, meinte Iroedh nachdenklich. »Sie brachte sich um, obwohl der Rat ihr anbot, sie in Elham aufzunehmen.«

»Nun, wir wären wohl auch fassungslos, wenn wir von der

Vernichtung Elhams erführen. Und irgendwann kann es wohl auch dazu kommen.«

»Wir wollen an so etwas Schreckliches gar nicht denken, bevor wir müssen!«

»Schon gut, meine Liebe. Besorgst du mir die Telh und das Buch, ja?«

»Gewiß, aber wozu?«

»Ich glaube, ich werde mit den anderen Drohnen viel Spaß damit haben. Wenn du aus der Drohnenkuppel seltsame Töne vernimmst, dann sind das Kutanas und ich, die den anderen die uralte Kunst des Singens beibringen.«

»Ich hoffe nur, es gibt nicht so einen Skandal wie damals mit der *Idhios*-Saga!«

»Und wer hat mir die *Idhios*-Saga erzählt?«

»Ich – aber nur, damit sie nicht ganz in Vergessenheit gerät. Ich habe nicht mit einer Dichterorgie gerechnet . . .«

»Siehst du, diese Lieder dürfen genausowenig in Vergessenheit geraten. Und schließlich werde ich wohl nicht mehr lange Gelegenheit haben, mich an ihnen zu erfreuen.«

»Was meinst du?« fragte sie, obwohl sie genau wußte, was er meinte, aber irgendwie wollte sie die Hoffnung nicht aufgeben.

»Es wird wahrscheinlich bald eine Säuberung geben, und ich bin eine der ältesten Drohnen.«

»O Antis!« Sie ergriff seinen Arm. »Wie schrecklich! Hat die Königin sich beklagt?«

»Nicht daß ich wüßte. Ich habe sie gewiß ganz hervorragend bedient – aber eine Säuberung ist schon seit einiger Zeit fällig.«

»Aber du bist doch nicht so alt! Du bist nur wenig älter als ich und müßtest deine Aufgabe noch viele Jahre lang erfüllen können.«

»Ich weiß, aber der Rat sieht das anders. Vielleicht befürchtet man, daß wir abtrünnig werden, wenn man uns so lange leben läßt, bis wir alt und gewitzt sind.«

»Das würdest du doch nie tun, oder?«

»Ich habe noch nicht darüber nachgedacht. Ich nehme an, wenn du erführest, daß ich vorhabe zu fliehen und mich den Abtrünnigen anzuschließen, würdest du mich als pflichtgetreue Arbeiterin melden?«

»Natürlich. Ich meine – ich glaube schon. Es wäre jedenfalls eine schreckliche Entscheidung für mich. Aber du darfst nicht an einen so volksschädlichen Plan denken! Halte aus, solange es geht. Du darfst – ich . . .« Schluchzend brach sie ab.

»Aber Iroedh!« sagte Antis und legte einen Arm um ihre Schultern. »Du benimmst dich ja wie jemand von den Alten, mit ihrer ›brennenden Liebe‹ und so.«

Iroedh nahm sich zusammen. »Dumm von mir. Und ich bin nicht altmodisch: ich bin eine sterile Arbeiterin und stolz darauf! Trotzdem wäre mein Leben so schrecklich leer ohne dich.«

»Danke.« Er drückte sie freundschaftlich an sich.

»Weißt du, niemand sonst in Elham teilt mein Interesse für Antiquitäten. Manchmal komme ich mir wie eine einsame Abtrünnige vor, die durch die Wälder irrt und herunterschaut auf die Kuppeln ihres Volkes, die sie nie wieder betreten wird.«

Antis lächelte in die zunehmende Dunkelheit. »Eines kann ich dir versichern, meine Liebe: Sollte ich jemals planen, abtrünnig zu werden, dann werde ich gewiß nicht jemanden einweihen, der meinen Plan zunichte machen könnte.«

Sie fröstelte. »Brrr . . . wir hätten doch Kleidung mitnehmen sollen. Gehen wir zurück.«

II

Das Himmelsschiff

»Denk immer daran«, sagte Rhodh, »wir haben zwei Ziele: diese Leute und ihr Wissen gegen Tvaarm einzusetzen, und sie davon abzuhalten, irgend etwas gegen uns Verwendbares herauszukriegen.«

Ihr Ueg trottete neben dem Iroedhs die Strecke entlang, wo die Straße nach Tidhem über das Ufer der Scharlachsee verlief. Hinter ihnen holperten die Wagen von Iinoedh, Avpandh und Vardh.

Rhodh fuhr fort: »Also halte Augen und Ohren offen und den Mund zu, soweit dir das möglich ist. Was diese Leute betrifft, so ist uns so vieles neu, daß keine von uns alles auf einmal behalten könnte. Schmeichle ihnen, bring sie zum Prahlen, tu alles, ihre Zungen zu lösen. Aber ermutige sie nicht, uns zu besuchen, sage ihnen nicht, wo Elham liegt, und nichts über unsere politische Lage oder unsere Methoden der Kriegführung. Ich sage das dir im besonderen, Iroedh, da ich ja deine Schwäche kenne. Die Fremden interessieren sich nicht nur für uns, sondern auch für unsere Geschichte, und würden nichts lieber tun, als sich nach Khinam führen zu lassen, um nach Zeugen der Vergangenheit zu suchen. Dann brauchten sie nur noch einen der Türme zu besteigen und könnten die Kuppeln von Elham sehen.«

»Ich werde vorsichtig sein«, sagte Iroedh, die sich bereits schrecklich langweilte, denn Rhodh hatte ihr das alles schon mehrmals erklärt. Sie wünschte nur, Rhodh würde sie endlich in Frieden lassen, damit sie zu ihren goldenen Tagträumen von den alten Zeiten zurückkehren könnte.

»Deine Aufgabe wird es sein, dich um diesen Blok zu kümmern; er spricht mehr oder weniger avtinisch und interessiert sich wie du für verschiedene Weltanschauungen. Wenn du dich deiner Aufgabe gewissenhaft widmest, wirst du bestimmt bald deinen Drohnenfreund vergessen, mit dem du diese unkluge Verbindung pflegst!«

»Warum sollte ich?« fragte Iroedh lauter, als sie beabsichtigt hatte. Dabei hatte sie sich doch vorgenommen, sich von Rhodh nicht provozieren zu lassen!

»Schrei nicht so. Am besten, du befreundest dich gleich mit dem Gedanken, daß Antis nicht mehr da sein wird, wenn wir zurückkommen.«

»Du meinst . . .«

Rhodh wandte sich mit einem grausamen Lächeln zu Iroedh. »Wußtest du es nicht? Der Rat wurde heute morgen beschlußfähig, gerade als wir abfuhren, und legte das Datum der nächsten Säuberung fest. Es wurde entschieden, die drei ältesten Drohnen, Antis, Kutanas und Dyos, zu töten, um Platz für die nächstgeborenen zu machen, irgendwann während der kommenden acht Tage. Sie wurden natürlich gefangengesetzt, um einer Flucht vorzubeugen.«

Iroedhs rosige Haut wurde einen Schein blasser. Eunmars Fluch über sie! Darum also hatte Antis ihr nicht adieu gesagt. Erst hatte sie gedacht, er wäre beleidigt, dann hatte sie sich gefragt, ob er darauf vergessen hatte (was ihm aber gar nicht ähnlich sah), und dann schließlich hatte sie überlegt, ob er versuchte, sie zu schützen, indem er ihre Verbindung herunterspielte. Dabei war er die ganze Zeit . . .

»*Weu!*« rief sie mit gepreßter Stimme, »du hättest mir das früher sagen können!«

»Um damit eine Szene heraufzubeschwören, oder eine Befehlsverweigerung, und so unsere Abfahrt aufzuhalten? So dumm bin ich nicht! Du wirst mir später noch einmal dankbar sein!«

»Warum wurde die Säuberung für einen so frühen Zeitpunkt festgesetzt?«

»Wegen der von Tydh zitierten Prophezeiung, eine Drohne betreffend, die ein neues Heim sucht. Ich fürchtete, die Drohnen würden in Massen desertieren, wenn sie davon hörten. Tatsächlich ist es kein so frühes Datum, eine Säuberung ist schon eine Zeitlang fällig gewesen. Und Antis ist kein besonderer Verlust; in einer gutgeführten Gemeinschaft ist kein Platz für seine sinnlosen Streiche.«

Iroedh sank in sich zusammen, ihre Gefühle in Aufruhr. Sie dachte sogar daran, ihren Wagen zu wenden und zurück nach Elham zu jagen – aber lebenslange Disziplin und tiefverwurzelte Ergebenheit dem Volk gegenüber hielten sie zurück. Außerdem, was könnte sie damit gewinnen? Sie würde höchstens bestraft werden.

Was tun? Obgleich Iroedh eine erwachsene Arbeiterin war, hatte sie sich noch nicht damit abgefunden, die Schicksalsschläge dieses Lebens fatalistisch hinzunehmen. Es müßte doch etwas geben . . .

Iroedh fragte sich nach dem Grund von Rhodhs Schadenfreude; sie konnte sich nicht vorstellen, warum Rhodh sie hassen sollte. Sie hatte doch nichts getan – außer sie selbst zu sein. Dennoch mußte eben das der Grund sein; Rhodh, die nach außen hin Iroedhs Interesse an den alten Künsten verächtlich machte, beneidete sie im Innersten darum. Vielleicht hatte Rhodh aber auch bloß eine Schwäche für Uniformität, und Iroedhs unorthodoxes Verhalten war ihr ein Dorn im Auge.

Iroedhs Gedanken kehrten zurück zu Antis und ihrer verzweifelten Suche nach einem Ausweg. Es müßte doch eine Möglichkeit geben, ihn zu retten; ihr fiel jedoch nichts ein. Und dennoch gab es gewiß einen Weg, wenn sie nur klug genug war, ihn zu finden! Zumindest in Gedanken sollte man ihn gehen können – aber woher wußte man, daß es ihn überhaupt gab? Es mußte einfach einen geben! Ach, welch erbärmliche Logik; nichts existiert bloß deshalb, weil man seine Existenz erhofft . . .

Stundenlang grübelte sie über das Problem nach, während sie weiterfuhren, vorbei an der Stelle, wo die unglückliche Königin Khuar von wilden Tieren gefressen worden war, über die Lhanwaed-Hügel, wo längstvergessene Legenden von einem Riesenei berichteten, groß wie eine königliche

Kuppel, das darauf wartete, ausgebrütet zu werden – zu was, das wußte niemand. Sie erreichten die Grenze zu Thidhem, ohne daß Iroedh zu einem Entschluß gekommen wäre.

Hier wurden sie von zwei Wachen aufgehalten, deren Waffen das Emblem der Königin Maiur trugen. Rhodh nannte der älteren der beiden, Gogledh, ihren Namen.

»Ich kenne dich, Rhodh«, sagte Gogledh im Dialekt von Thidhem. »Ich traf dich ja, als du wegen der Gliid-Kolonie hier warst. Ihr seid Landvermesser, oder? Wann werden die ersten Kolonisten kommen?«

Rhodh erwiderte: »Nein, wir wollen das Himmelsschiff untersuchen. Was unternimmt Thidhem deswegen?«

»Nichts. Königin Maiur meint, daß ein Kontakt mit Besuchern, deren Gebräuche von den unseren so verschieden sind, unsere soziale Struktur gefährden könnte. Sie versucht sogar, jede Diskussion des Ereignisses selbst zu unterbinden – was, wie wir beide sehr wohl wissen, einfach unmöglich ist.«

»Hat denn euer Rat nichts zu sagen?«

»Theoretisch ja, aber in der Praxis setzt Maiur gewöhnlich ihren Willen durch. Was aber ist mit eurer Kolonie?«

»Es wird keine geben, nicht bevor über den Krieg mit Tvaarm entschieden ist. Sollte es zu einer Auseinandersetzung kommen, werden wir jede Arbeiterin brauchen, die nur imstande ist, einen Speer zu halten.«

»Aber ihr habt doch eine fast erwachsene Prinzessin, die ihr nach Gliid schicken wollt, nicht?« erwiderte Gogledh.

»Ja, Estir; sie wird in etwa zwei mal acht Tagen geschlechtsreif.«

»Aber wenn ihr sie nicht mit einer neuen Kolonie hinausschickt, wird es zu einem Königinnen-Duell kommen, nicht wahr?« fragte Gogledh sensationslüstern. »Vielleicht gibt es dann auch Pässe für Besucher aus Thidhem!«

»Darüber weiß ich nichts, das wird der Rat entscheiden.«

»Ja natürlich. Haben sich die Arsuuni-Truppen schon in Marsch gesetzt?«

»Die letzten Nachrichten besagten noch nichts dergleichen. Jedenfalls läßt unser General die Grenze bewachen.«

»Armes Elham! Ich wünschte nur, ein Volk der Avtini würde ein arsuunisches besiegen, wenigstens ein einziges Mal!«

Rhodh seufzte. »Wir werden unser Bestes tun, aber was können wir schon ausrichten gegen eine Kaste von Soldaten, die uns an Größe um die Hälfte überragen? Wir würden nicht nur Glück brauchen, sondern auch eine große zahlenmäßige Überlegenheit, die wir natürlich nicht haben.«

»Wie viele erwachsene Arbeiterinnen habt ihr?«

»Etwa 450. Wir wären ja mehr gewesen, hätten wir voriges Jahr nicht diese Seuche gehabt.«

Gogledh erwiderte: »Es ist zu schade, daß es keine Möglichkeit für einen gemeinsamen Kampf unserer und eurer Arbeiterinnen gegen die Arsuuni gibt!«

»Ja, nicht wahr? Aber so ist's eben. Die Arsuuni sind viel zu gewitzt, um unsere beiden Völker gleichzeitig anzugreifen.«

Am Nachmittag des dritten Tages, nachdem Gogledh sie verlassen hatte, bogen die fünf Arbeiterinnen aus Elham in das Tal von Gliid ein.

Iroedh rief: »Oh, schaut nur!«

Unten, fast in der Mitte des Tales, stand ein zylindrisches Objekt, matt glänzend in der Sonne – das konnte nur das Himmelsschiff sein; es stand aufrecht da, wie die Gedächtnissäule von Khinham, nach oben zu schmäler werdend, mit abgerundeter Spitze.

Selbst Rhodh, der sonst jegliche Erregung fremd war, schien irritiert. Sie rief: »Los, vorwärts!« und schnalzte mit der Peitsche.

Die fünf Fahrzeuge rollten hintereinander die kurvenreiche Straße ins Tal hinunter. Vardh sagte: »Ich bin so aufgeregt! Ich bin doch noch nie in Gliid gewesen! Was ist denn das für eine eigenartige Zinne dort drüben über den Klippen?«

Sie zeigte hin. Iroedh erklärte ihr, die Ruine werde ›Zitadelle‹ genannt.

»Was bedeutet dieser Name?«

»Er bezieht sich auf die letzte Zuflucht der Überlebenden der zweigeschlechtlichen Avtini, die dort oben vor etwa 2000 Jahren gehaust haben.«

»Du meinst, das war damals, als Königin Danoakor die Diätvorschriften der Rasse erlassen hat?«

Iroedh bejahte.

Daraufhin fragte Iinoedh: »Was wurde aus den Überlebenden?«

»Sie wurden 64 Tage lang belagert. Die Überlieferung berichtet einer Version nach, daß die Zweigeschlechtlichen alle tot waren, als Danoakors Armee die Feste erstürmte; einer anderen Version zufolge begingen sie Selbstmord, indem sie sich von den Klippen stürzten.«

»Wie schrecklich!« rief Vardh.

»Geschah ihnen recht«, lautete Rhodhs bissiger Kommentar. »Wir sollten nicht mehr an diese wüsten Zeiten zurückdenken. Wenn es nach mir ginge, würde ich jeden historischen Bericht vernichten. Schon allein wegen solch sentimentaler Faulenzer wie Iroedh hätten wir mit all dem Unfug schon längst aufräumen sollen!«

Die drei jüngeren Arbeiterinnen schwiegen demütig, wie es sich für kluge Junioren gehörte, wenn zwischen den Älteren ein Streit entbrannt war. Iroedh ihrerseits sagte nichts, weil sie zu tief in Gedanken versunken war: sie gedachte der Überlebenden und ihres tragischen Schicksals und erging sich in Spekulationen über das bevorstehende Treffen mit den ›Menschen‹, alles überschattet von der stets gegenwärtigen Sorge um den verurteilten Antis.

Als sie dem hoch aufragenden Himmelsschiff näher kamen, war Iroedh bestürzt über die ungeheuere Größe dieses Dings. Wäre es leer gewesen, nicht angefüllt mit all den Zaubermaschinen der Menschen, hätte man ein ganzes Volk darin unterbringen können.

Rund um das Schiff herrschte reges Leben. Iroedh dachte, daß die Besatzung wohl den sich nähernden Wagenzug bemerkt hatte. Rhodh, mit Königin Intars Standarte an der Speerspitze, fuhr vorneweg, die überwachsene Straße entlang, zu dem offenen Platz hin, wo das Ding gelandet war. Der Platz selbst sah aus, als wäre er durch die Landung leergefegt worden: In einem weiten Umkreis waren Bäume und Strauchwerk zu Asche verbrannt.

Dort, wo der abgebrannte Platz die Straße berührte, stand einer der Menschen. Rhodh sprang mit einem Satz vom Wagen, und die anderen folgten ihrem Beispiel. Iinoedh nahm die Zügel der fünf Uegs und band sie fest; die anderen drängten nach vorne.

Der Mensch war etwa von Iroedhs Größe und hatte ein nahezu avtinisches Aussehen, obgleich er nicht von dieser Welt stammte. Er war von schlankem Wuchs, wie eine Arbeiterin oder Prinzessin, nicht so stämmig wie eine Drohne oder so dick wie eine Königin. Sein Körper war von irgendeinem Zeug bedeckt, das Iroedh erst für eine lose schlotternde Haut gehalten hatte, das sich aber bei näherem Zusehen als Kleidung erwies, so kompliziert geschnitten und genäht, daß sie sich dem Körper anpaßte: Stiefel, ähnlich denen der Avtini, aber höher; ein Kleidungsstück wie eine Tunika, aber mit kurzen Ärmeln, und noch eins, das Iroedh nur als ›Beintunika‹ bezeichnen konnte, eine Art gegabelter Schurz, der das Wesen von der Mitte bis unten hin bedeckte, wo die Beine des Kleidungsstückes in den Stiefeln steckten. Das Ganze war von einer Reihe von Knöpfen und Schnallen zusammengehalten und erschien Iroedh so kompliziert, daß sie sich fragte, wie dem Menschen zu noch etwas anderem Zeit bleiben mochte, außer zum Anlegen und Ausziehen dieser verzwickten Gewandung.

Obgleich Rhodh ihr die Menschen beschrieben hatte als ›Wesen mit Haaren über die ganze Schädeldecke‹, hatte dieser hier rein gar keine Haare, wenn man von dem schütteren Kranz bräunlichen Flaums absah, der den nackten, rosigen

Schädel seitlich und im Nacken umgab, und einem schmalen Haarstreifen auf der Oberlippe. Iroedh war verblüfft über das Blau seiner Augen, da die Augen, die sie zu sehen gewohnt war, meist in freundlichem Gelb strahlten.

Das Wesen hielt in einem Arm ein Ding, das einer großen Flöte ähnelte, wie sie einmal eine in Khinam gefunden hatte: ein hölzerner Griff oder Kolben, aus dem ein dunkles Metallrohr ragte, das ganze Ding etwa so lang wie der Arm des Mannes, und mit mysteriösen Knöpfen und Ausbuchtungen versehen. Da erinnerte sich Iroedh: Das mußte eine der magischen Waffen des Menschen sein! Sie hoffte nur, er würde nicht von einem Drang ergriffen, das Ding auf sie zu richten und damit ein kopfgroßes Loch in ihren Körper zu machen.

Die Wangen des Mannes zogen sich zurück, und Zähne kamen zum Vorschein, die überraschenderweise von gelblich-weißer Färbung waren. Iroedh erinnerte sich dankbar an Rhodhs Warnung, nicht von dieser seltsamen Mimik beunruhigt zu sein. Der Mann fletschte sein Gebiß nicht, um zu beißen, sondern um seiner Freude Ausdruck zu verleihen; es war tatsächlich die terranische Form des Lächelns. Die Avtini lächelten selbstverständlich, indem sie den Mund zu einem O rundeten.

Der Mann sagte: »Hallo, Rhodh! Ich habe dich nicht so schnell zurückerwartet! Eine andere Arbeiterin war eben hier, von einem Ort namens Ledhwid. Ich sehe, du hast Begleitung!«

Er sprach das Avtinische langsam, mit einem schweren Akzent und vielen Fehlern. Iroedh war leicht belustigt über die Feststellung bezüglich der Begleitung – diese war ja wohl offensichtlich. Doch vielleicht gehörten solche bedeutungslosen Äußerungen zu den zeremoniellen Gesten, deren sich die Menschen bedienten. Etwa so, wie eine Arbeiterin, die einer Königin begegnete, »Viele Eier« sagte.

Rhodh stellte vor: »Das ist meine erste Juniorin, Iroedh«, und nannte dann auch die Namen der anderen.

Der Mann sagte: »Ich heiße Bloch, Winston Bloch, und ich freue mich, euch kennenzulernen!«

»Meinst du, Winston *von* Blok?« fragte Vardh. »Ist Blok der Name eures Volkes?«

»Nein; es ist mein – äh – einer meiner Namen.«

»Bedeutet das, daß du mehrere hast?«

»Ja. Um genau zu sein, drei.«

»Warum das?« fragte Vardh.

»Zu kompliziert, euch das jetzt zu erklären.«

»Aber sag uns wenigstens, wie wir dich korrekt anreden sollen!«

»Auf der Erde nennt man mich Dr. Bloch. Was können wir für euch tun?«

»Das wird dir Iroedh erklären«, sagte Rhodh. »Wir anderen wollen uns in der Nähe ein Lager aufschlagen, wenn ihr nichts dagegen habt!«

»Nicht im geringsten«, erwiderte Bloch ein wenig argwöhnisch. »Meine liebe Iroedh, würdest du so freundlich sein, in – hm – unser Schiff zu kommen?«

»Danke. Ich würde gerne das Schiff besichtigen«, sagte Iroedh, die nicht recht wußte, wie sie sich verhalten sollte, sich aber nichtsdestotrotz in das Abenteuer stürzte.

Bloch schüttelte den Kopf. »Ich fürchte, das wird nicht möglich sein. Wir überholen es gerade für den Rückflug, und du würdest – äh – wie nennt ihr nur Schmierfett? – du würdest deine hübsche rosa Haut schmutzig machen. Aber komm weiter; wir werden uns eine Tasse Kaffee genehmigen!«

»Kaweh?« fragte Iroedh, die neben ihm zum Schiff ging.

»Kaffee, mit ff. Du wirst schon sehen!«

»Hat euer Schiff einen Namen?«

»Na klar; siehst du diese Buchstaben dort? Sie bedeuten ›Paris‹, das ist der Name einer unserer – nun, sagen wir – Gemeinschaften.«

»Bist du wirklich ein funktionsfähiger Mann?« erkundigte sich Iroedh nun.

Bloch sah sie überrascht an. »Aber natürlich doch!«

»Und trotzdem *arbeitest* du?«

»Natürlich. Die männlichen Mitglieder unserer Rasse sind ganz und gar nicht mit euren Drohnen zu vergleichen, die nur zu einem einzigen Zweck existieren. Obgleich ich die Behauptung wagen möchte, daß einige unter uns das für gar nicht so schlecht halten würden.« Er wandte sich um und rief in seiner eigenen Sprache: »Ahoi! Laßt den Aufzug runter!«

Obgleich sie die Worte nicht verstand, überkam Iroedh eine plötzliche Panik; es war ihr eben durch den Kopf gegangen, daß diese Wesen sie gefangennehmen konnten – als ein Exemplar ihrer Rasse, um es zu Studienzwecken zu zerlegen. So könnte es ihr ergehen! Und Rhodh war mit ihren Leuten auf der anderen Seite der Lichtung! Sie hatten die Waffen und die lockeren Umhänge abgelegt und waren dabei, das Lager aufzubauen, ohne sich um ihr Schicksal zu kümmern. Und da kam auch schon ein Ding heruntergerasselt, wie ein überdimensionaler Eimer, an einer Kette von grauem Metall. Iroedh war sich bewußt, daß sie ihr Leben wagte, um ihrem Volk zu dienen, hilflos in den Klauen dieser . . .

Bloch schwang sich behende über den Rand des Eimers und rief: »Spring rein!« Was soll's, dachte Iroedh, was ist noch wichtig für mich, wenn Antis sterben muß? Sie kletterte hinein, und der Aufzug schnarrte nach oben.

Iroedh guckte über die Kante nach unten, mußte sich aber gleich darauf, in einem Anfall von Panik, am Kabinenrand festhalten. Ihre Augen traten hervor, ihr Magen revoltierte, so daß sie um ihre vor Stunden genossene Mahlzeit fürchtete; sie wollte sprechen, brachte aber nur ein Krächzen zustande. Schließlich sank sie seufzend zu Boden, kauerte sich in eine Ecke und hielt die Hände über die Augen.

Noch nie in ihrem Leben war sie so mitten in der Luft geschwebt, ohne einen Baumstamm oder sonst etwas Festes unter sich – ihr Entsetzen war unbeschreiblich. Je höher der Aufzug stieg, um so lauter dröhnte das Brummen der Maschine in ihren Ohren.

»Kopf hoch«, sagte Bloch, »bisher ist die Kette noch nie gerissen. Übrigens sind wir da!«

Iroedh schämte sich ein bißchen. Sie zwang sich, aufzustehen, klammerte sich an das Geländer und folgte Bloch auf die Plattform neben dem nun stillstehenden Eimer, ohne jedoch einen Blick in die Tiefe zu wagen.

Als sie ins Innere trat, merkte sie, daß das Schiff aus demselben grauen Metall bestand wie der Aufzug. Sie fragte: »Woraus ist das Schiff gemacht, Daktablak?«

»Wir nennen's *Stahl* – oder eigentlich *Eisen*. Es ist ein ganz gewöhnliches Metall, härter als Kupfer; Stahl ist eine – wie nennt ihr eine Mischung?«

»Legierung? Wir kennen kein Metall, das härter ist als kaltgeschmiedete Bronze. Wir haben auch Silber und Gold, benützen diese Metalle aber nur für einige wenige besondere Zwecke.«

Schweigend traten sie durch einen Gang in eine kleine Messe, die voll anderer Menschen war, männlicher und weiblicher. Iroedh erkannte die weiblichen an ihrer geringeren Größe und ihren Brüsten, obgleich auch sie, ebenso wie die männlichen Wesen, bekleidet waren.

Nun erkannte sie auch, daß Bloch relativ groß war, alle anderen waren kleiner als er. Die Hautfarben reichten von einem blassen Gelblichrosa über alle Tönungen bis hin zu einem dunklen Braun, das fast schwarz wirkte. Sie dachte, daß sich wohl verschiedene Rassen auf dem Schiff befanden, sie verstand aber nicht, wie sie es fertigbrachten, zusammenzuleben, ohne sich gegenseitig umzubringen, wie dies die Rassen auf Niond taten.

Bloch begann die Vorstellung mit einem dunkelbraunen Mann, der fast so groß war wie er selbst, aber viel dicker, und der Messingknöpfe an seiner Tunika hatte: »Kapitän Subbarau; Miß Dulac, meine Assistentin; Mr. O'Mara, unser Fotograf . . .«

Er fuhr fort, weitere Namen zu nennen, ohne daß Iroedh sich länger die Mühe machte, sie alle zu behalten: »Norden,

Markowicz, el-Jandala, Kang, Lobos, Cody . . .« Die meisten davon hätte sie ohnedies nicht aussprechen können, selbst wenn sie sie sich gemerkt hätte.

Doch schließlich gingen sie alle, bis auf Kapitän Subbarau, O'Mara, Miß Dulac und Bloch. Der Fotograf war kleiner und dicker als Bloch (obgleich nicht so dick wie der Kapitän), er hatte welliges dunkles Haar und derbe Gesichtszüge. Subbarau sah ihn an und sagte: »O'Mara!«

Der Mann zog ein verdrießliches Gesicht und ging. Bloch und das Dulac-Weibchen starrten ihm nach, und Iroedh hatte die Empfindung, es liege eine gewisse Spannung in der Luft.

»Nun«, sagte Subbarau, »wollen wir uns einen Schluck Kaffee und Kuchen genehmigen. Ich nehme an, du, meine liebe Iroedh, wirst das recht gut vertragen, deiner Freundin Rhodh hat's ja auch nicht geschadet. Nimm doch deinen Helm ab, wenn du magst!«

Bloch übersetzte, und die Konversation holperte so dahin, mit vielen Gesten und Suchen nach Wörtern. Iroedh war froh, endlich ihren Helm abnehmen zu können, da sie es satt war, mit dem Federbusch die Decke zu fegen.

Bloch sagte: »Käpten, als ich sie fragte – eigentlich nur, um Konversation zu machen – was wir für sie tun könnten, erklärte uns die Führerin des Trupps, Iroedh würde es uns mitteilen.«

Subbarau verzog ein wenig den Mund, wie um ein terranisches Lächeln anzudeuten. »Na, ich denke, sie wollen was. Wie verschieden sie doch sind, verglichen mit den anderen Bewohnern dieses Systems! Nun, Madame Iroedh, sagen Sie Ihr Sprüchlein auf!«

Also erzählte Iroedh vom Krieg mit den Arsuuni, ein wenig unsicher und besorgt, diese Fremden könnten zu jenen Leuten gehören, die sich immer auf die Seite der Stärkeren schlugen. »So«, endete sie schließlich (sie machte Pausen nach jedem Satz, damit Bloch übersetzen konnte), »wenn ihr also Tvaarm mit euren Zauberwaffen zerstören könntet, würde euch unser Dank für alle Zeiten gewiß sein, und wir würden euch bei allen Völkern Nionds unterstützen.«

Die Menschen tauschten Blicke untereinander. Iroedh, die fühlte, daß irgend etwas nicht so lief, wie sie gehofft hatte, fügte zögernd hinzu: »Wir könnten euch bezahlen. Wir haben große Vorräte an Getreidekörnern, und auch diese Suroelfasern, woraus wir unsere Kleider machen. Wir besitzen auch gewisse Mengen an Gold und Silber, woraus wir die königlichen Insignien und allerlei Ornamente verfertigen.«

Subbarau und Bloch wechselten ein paar Worte, dann wandte sich letzterer an Iroedh. Obgleich sie seinen Ausdruck nicht deuten konnte, schwang in seiner Stimme Sympathie mit.

»Liebe Iroedh, das ist nicht eine Frage der Bezahlung. Wenn wir es tun könnten, täten wir es umsonst – das heißt, wenn alles so ist, wie du uns erzählt hast. Und ohne eure Gefühle verletzen zu wollen, euer Getreide und Gold sind wertlos für uns, vorausgesetzt, daß wir nicht hier infolge eines Versagens unseres Schiffes festsitzen. Der wahre Grund für die Ablehnung ist der, daß uns unsere Vorschriften auf das strengste untersagen, in lokale Angelegenheiten auf fremden Planeten einzugreifen, wie immer auch unsere persönlichen Sympathien liegen!«

»Nicht einmal um einem friedliebenden Volk zu helfen, sich gegen bösartige und grundlose Angriffe zu verteidigen?«

»Selbst das. Warum greifen denn die Arsuuni euch an?«

»Nun, infolge ihrer natürlichen Vermehrung brauchen sie immer mehr Lebensraum – und es ist ihre Art, ihn sich zu schaffen, indem sie unsere Völker überfallen und unser Land besetzen, anstatt selbst Kolonien zu gründen. Die Arbeiterinnen, die den Kampf überleben, werden zu Sklaven gemacht.«

»Nun, du siehst, wie es ist. Nicht, daß ich deine Worte bezweifle, aber jeder der Gegner hat stets eine passende Rechtfertigung für sein Handeln. Wenn wir auf einem fremden

Planeten landen, kann es leicht vorkommen, daß die ersten Bewohner, die uns begegnen, ihre Erbfeinde hinter dem nächsten Berg haben und eine Menge ausgezeichneter Gründe vorbringen, weswegen wir ihnen beistehen sollen, das Pack zu vernichten. Würden wir ihren Bitten Folge leisten, könnte es leicht geschehen, daß wir dann entdecken, den Falschen geholfen zu haben, zumindest von unserem Standpunkt aus, oder daß wir uns die Bewohnerschaft des halben Planeten zum Feind gemacht haben. Die einzige sichere Methode, solch einen *Fauxpas* zu vermeiden, ist, sich auf gar keinen Fall einzumischen.«

Iroedh nippte vorsichtig an ihrem Kaffee. Ein bitteres Getränk, das offenbar nur zum Vergnügen getrunken wurde. Doch wenn es Rhodh nicht vergiftet hatte, würde sie wohl auch nicht daran sterben. Sie mußte versuchen, sich diese Raumfahrer irgendwie zu verpflichten. Nicht nur, daß das Leben des Volkes auf dem Spiel stand, sie hegte auch die vage Hoffnung, daß sie diplomatische Erfolge ausnutzen könnte, um Antis' Befreiung zu erwirken.

»Wenn das so ist«, meinte sie, »warum gebt ihr uns dann nicht ein paar eurer Zauberwaffen? Einige wenige, ja selbst eine einzige könnte das Blatt wenden!«

Subbarau stieß einen Pfiff aus.

»Es brauchte ja kein Geschenk auf Dauer sein«, fügte Iroedh rasch hinzu, die nicht wußte, was dieser eigenartige Laut zu bedeuten hatte, aber argwöhnte, es könne eine Mißfallensäußerung sein; »eine Leihgabe vielleicht. Ihr braucht nicht zu befürchten, wir würden sie gegen euch benutzen!«

Bloch erwiderte: »Du mißverstehst uns, liebe Iroedh. Dies ist ein Schiff der *Viagens Interplanetarias*, der terranischen Raumfahrtbehörde. Außerhalb der Erde ist es den Gesetzen des Interplanetarischen Rates unterworfen; eines dieser Gesetze verbietet es – äh –, unterentwickelten Planeten Erfindungen oder technische Errungenschaften zu überlassen, die sie noch nicht selbst besitzen.«

»Was bedeutet ›unterentwickelt‹?«

»Das sind Planeten, die noch nicht einen gewissen Standard erreicht haben auf den Gebieten der Naturwissenschaften, Rechtslehre, Ethik und Politik.«

»Und was bezweckt dieses Gesetz?« fragte Iroedh.

»Schwierig zu erklären, aber es läuft im wesentlichen darauf hinaus, zu verhindern, daß irgendeine kriegerische Rasse auf diese Weise von ihrem Heimatplaneten ausbricht und anderswo Unfug stiftet.«

»Und warum gilt unsere Welt nicht als zivilisiert? Wir sind kulturell fortgeschritten, wir kennen eine Schrift, die Metallbearbeitung, haben große Gebäude und ein hohes Maß an sozialer Organisation. Was wollt ihr mehr?«

»Eine der ersten Erfordernisse ist, daß der gesamte Planet unter einer einzigen Regierung steht. Das ist doch bei euch nicht der Fall, oder?«

»Großer Gwyyr, nein! Wer hat je von so etwas gehört?«

»Und ihr verzichtet auch nicht auf kriegerische Auseinandersetzungen, nicht wahr?«

»Welch ein Gedanke, natürlich nicht! Krieg ist ein Naturgesetz!«

»Da hast du's! Doch weil wir gerade beim Thema sind, warum vereinigt sich nicht euer Volk mit einigen seiner Nachbarn und macht Kleinholz aus den Arsuuni, bevor die euch einzeln massakrieren?«

»Jetzt bist du derjenige, der nicht versteht, Daktablak. Ein Volk kann sich nie mit einem anderen vereinigen, denn dann würde der General des einen zugeben müssen, daß die Königin des anderen gleichrangig oder höher im Rang wäre als die eigene. Doch da die nominelle Oberhoheit jeder Königin über ihr Volk das erste Grundgesetz unserer Gesellschaftsordnung ist, kommt ein derartiges Vorgehen gar nicht in Frage.«

»Was bedeutet ›nominelle Oberhoheit‹?«

»Die tatsächliche Regierungsgewalt wird vom Rat ausgeübt, den die Arbeiterinnen wählen. Die Königin herrscht, aber sie regiert nicht.«

»Also eine konstitutionelle Monarchie«, sagte Bloch zu Subbarau; dann wandte er sich wieder an Iroedh: »Tut mir leid, meine Liebe, aber das ist noch der beste Rat, den wir euch geben können. Wenn euch eine unvernünftige Regel eurer Gesellschaft hindert, ihn zu befolgen, so ist das sehr schlecht für eben diese Gesellschaft. Doch lassen wir das. Sieh dich um, was interessiert dich hier? Als Xenologe . . .«

»Als was?«

»Xenologe. Ein Experte für fremde Welten: und mich interessiert alles an ihnen: Geologie, Klima, Pflanzen, Tiere, Leute, Wissenschaft, Geschichte, Kunst – einfach alles. Allerdings haben wir schon eine recht ordentliche Sammlung von Pflanzen und Tieren von hier. Es scheint, daß alle eure Landtiere Zweifüßler sind, haarlos, wenn man von gelegentlichen dekorativen Schöpfen absieht, wie dieser Haarstreifen auf deinem Kopf. Wie steht's mit den anderen Kontinenten?«

»Soweit uns bekannt, ist es ebenso. Warum auch nicht? Ist es denn auf anderen Welten anders?«

»Oh, gewiß! Auf unserem Planeten, zum Beispiel, gehen die meisten Tiere auf allen vieren und sind über und über behaart, und auf Vishnu sind die meisten Landbewohner Sechsfüßler.«

»Warum?« fragte Iroedh.

»Dafür gibt es verschiedene Gründe, so etwa die Art der Planetenbewegung und die Verteilung von Land und Wasser; dies bedingt größere Klimaschwankungen mit extremen Temperaturunterschieden, so daß die Tiere ein Haarkleid entwickelten, um während der kalten Perioden nicht zu frieren. Doch kommen wir wieder auf uns zurück: Gibt es hier in der Gegend ansässige Völker, die wir besuchen könnten?«

»Ich kann mir nicht vorstellen, daß euch irgendein Volk empfängt, bevor man euch nicht besser kennt – es sei denn, ihr dringt gewaltsam in eine Siedlung ein. Doch ich hoffe sehr, ihr werdet das nicht tun!«

»Dann müssen wir also einen anderen Kontinent aufsuchen, wo die Bevölkerung zugänglicher ist? Wir können jedem Kontinent nur eine bestimmte Zeitspanne widmen.«

»Wir Avtini sind nicht unfreundlich, nur vorsichtig, bis wir mehr über euch wissen.« Unter den schweigenden Blikken der Menschen fuhr sie rasch fort: »Es gibt aber eine Menge andere Sachen, die euch gewiß interessieren. Zum Beispiel die Ruinen der Zitadelle gleich da drüben!«

»Was für eine Zitadelle?« fragte Bloch.

So erzählte Iroedh ihnen die Geschichte der letzten bisexuellen Avtini und fügte hinzu: »Wenn ihr klettern könnt, könnt ihr die Reste ihrer Festung besichtigen!«

»Wir können klettern, wenn auch nicht senkrecht eine Wand hinauf . . .«

»Das ist gar nicht nötig. Der alte Weg, der von der Talseite aus hinaufführt, kann noch benützt werden, er ist nur etwas zugewachsen.«

»Und was gibt's da oben?«

»Artefakte aus alten Zeiten. Vor mehr als 50 Jahren ist die Feste umgebaut worden, als sie von einer Bande abtrünniger Drohnen als Stützpunkt benützt wurde.«

»Keine schlechte Idee«, meinte Bloch. »Würdest du einige von uns morgen hinaufführen?«

»Gerne. Welche Zeit würde euch passen?«

»Nun, sagen wir, einige Stunden nach Sonnenaufgang.«

»In Ordnung. Jeder von uns mag sein Essen selbst mitbringen, unsere Ernährungsgewohnheiten sind doch wohl sehr verschieden.«

Nachdem Iroedh die *Paris* verlassen hatte, fragte Bloch Kapitän Subbarau: »Wie hat Ihnen diese kleine Rothaut gefallen?«

»Besser als die andere«, erwiderte Subbarau nachdenklich. »Ein komisches Gefühl, wenn man mit einer intelligenten Ameise oder Biene redet, die über einen quasi-menschlichen Körper verfügt!«

»Treiben Sie die Parallele nicht zu weit! Es ist schließlich nur eine analoge soziale Struktur. Sie sind intelligent, nicht instinktgetrieben, wie diese Kerle auf Sirius Neun. Und Bienen haben auch keine demokratisch gewählten Räte.«

»Stimmt. Wenn sie ein bißchen – ist Iroedh eigentlich eine ›sie‹ oder ein ›es‹?«

»Für mich ist es eine ›sie‹. Schließlich nennt man ein weibliches Baby auch ›sie‹, ungeachtet der sexuellen Entwicklung.«

»Also gut. Wenn sie hier ein bißchen voller wäre« – Subbarau deutete es mit den Händen an – »und richtiges Haar auf dem Kopf hätte anstelle dieses Gefieders, das aussieht wie ein Irokesenschopf, würde sie ein ganz nettes Mädchen abgeben. Vorausgesetzt, man steht auf rosa Riesinnen mit Katzenaugen. Sind sie tatsächlich so rückständig, wie es den Anschein hat? Sie haben wohl noch nicht einmal das Eisen, von Maschinen ganz abgesehen?«

»Sonderbar, ja. Nach allem, was ich in Erfahrung bringen konnte, hatten sie eine fortschrittliche Kultur bis vor etwa 2000 Jahren, Niond-Jahre natürlich; damals wurde dieses Sex-Kasten-System eingeführt, und seit eben diesem Zeitpunkt stagnierte ihre Entwicklung nicht nur, nein, es trat sogar ein Rückgang ein.«

»Vielleicht hatten sie eine materialistische Gesellschaftsform, wie die Westmächte auf der Erde, und das führte zu einer geistigen Rückentwicklung?«

»Fangen Sie doch nicht wieder *damit* an, Chef! Es gibt keine Naturwissenschaften mehr bei ihnen, auch keine Religion, sieht man von Aberglauben und Flüchen ab. Sie sind groß in Omen und Orakeln, aber alle Emotionen, die eigentlich religiösen Vorstellungen gelten sollten, sind ihren ›Völkern‹ gewidmet.«

»Sagen Sie ruhig, dem Bienenstock!« knurrte Subbarau.

Rhodh wandte sich an Iroedh: »Es war wohl ein Fehler, dich zu ihnen zu schicken. Wie ich es sehe, hast du nicht mehr erreicht, als dich von der Arbeit beim Aufschlagen des Lagers zu drücken!«

»Ihre Weigerung, uns zu helfen, hatte doch nichts mit mir zu tun«, erwiderte Iroedh ärgerlich. »Wenn ich dir doch sage, es sind die Gesetze ihrer eigenen Regierung, denen sie unterworfen sind.«

»Wie dem auch sei, es wäre besser, ich würde morgen selbst mit ihnen verhandeln. Was hast du vor?«

Iroedh erzählte von dem Plan, die Zitadelle zu besuchen und schloß: »Ich bitte dich, laß mich gehen! Wenn morgen eine andere meinen Platz einnimmt, könnten sie mißtrauisch werden. Außerdem habe ich viel mehr gemeinsame Interessen mit Daktablak als du.«

»Ich glaube nicht . . .«

»Gib mir nur noch einen einzigen Tag«, sagte Iroedh, um einen schmeichlerischen Ton bemüht. »Es ist außerdem eine Kletterei von zwei Stunden, und ich kenne den Weg. Bist du je da oben gewesen?«

»Pah! Würde ich wohl meine Zeit, die der Volksgemeinschaft gehört, verschwenden, um so alten Kram zu besichtigen? Welch ein Gedanke! Geh also du, mit diesen dämlichen Menschen! Es ist mir auch ganz recht so, ich kann meine Zeit besser nützen, wenn ich im Lager für Zucht und Ordnung sorge, so daß es Elham Ehre macht.«

In dieser Nacht schlief Iroedh kaum.

III

Die Zitadelle der Überlebenden

Am nächsten Morgen, als Iroedh zur *Paris* hinüberging, erwartete Bloch sie bereits.

Neben ihm standen der weibliche Mensch namens Dulac und der Mann O'Mara, letzterer mit einer rechteckigen Ledertasche über die Schulter gehängt. Bloch trug wieder seine Zauberwaffe.

Auf Iroedhs Frage, was in dem Lederkasten sei, gab O'Mara die lakonische Antwort: »'ne Kamera«, und Iroedh war so klug wie zuvor.

Bloch erklärte ihr: »Eine Zaubermaschine, die Bilder macht. Er begleitet alle unsere Expeditionen und macht solche Bilder.«

»Und was ist das hier? Ornamente?« Iroedh deutete auf eine Reihe von Messingklammern an Blochs Gürtel; jede dieser Klammern hielt eine Anzahl von kleinen zylindrischen Messingdingern.

»Die sind dafür.« Bloch zeigte auf die Röhre aus grauem Metall, die, wie Iroedh bereits erfahren hatte, als *pistelh* oder so ähnlich bezeichnet wurde.

»Was redest du da mit ihr, Eierkopf?« fragte O'Mara. »Mach mich nicht schlecht bei der jungen Dame, bloß weil ich ihren albernen Dialekt nicht verstehe!«

Iroedh führte die kleine Gruppe längs der Straße, auf der die Avtini in das Tal gekommen waren. O'Mara machte ein eigenartiges schrilles Geräusch mit seinem Mund, ähnlich dem, das Iroedh tags zuvor von Subbarau gehört hatte.

»Was ist das nur?« fragte sie.

»Wir nennen's pfeifen«, erwiderte Bloch und versuchte, ihr zu zeigen, wie es gemacht wurde. Sie spitzte die Lippen und blies, doch alles, was dabei herauskam, war Luft.

Sie gab die Versuche auf und fragte: »Daktablak, du hast

uns viele Fragen über die Sex-Kasten gestellt, ich wüßte gerne, wie bei euch auf der Erde das Sex-System ist!«

Als Bloch ihr das irdische System der Monogamie kurz beschrieben hatte, meinte sie: »Glaubst du, das macht euch Menschen glücklicher als wir es sind?«

»Wie soll ich das wissen? Glück kann man nicht messen und wiegen – und außerdem kenne ich euch Leute noch nicht genug, um das zu beurteilen. Manche von uns schätzen unser System sehr, andere wieder halten es für schlecht.«

»Wieso das?«

»Nimm mal Subbarau. Er ist unglücklich, weil seine Frau sich weigert, weiterhin lange Perioden ihres Lebens in einem Kälteschlaf zuzubringen, während er sich im Raum aufhält; sie verließ ihn um eines anderen willen. Du mußt wissen, unsere Reisen dauern oft viele Jahre. Außerdem stammt er aus Indien, wo man ein solches Tun besonders streng verurteilt.«

»Dann müßt ihr ja während einer solchen Reise beträchtlich altern!«

»Nein. Weißt du, es gibt da den Lorenz-Fitzgerald-Effekt, demzufolge die Zeit langsamer verstreicht, wenn man sich mit nahezu Lichtgeschwindigkeit bewegt – die Leute auf dem Raumschiff altern nur um einen Bruchteil der Zeit, während der sich das Schiff tatsächlich im Raum befindet.«

»Das verstehe ich nicht!«

»Unter uns gesagt, ich auch nicht, aber es funktioniert schon so. Es ist natürlich hart für die Gefährten der Schiffsbesatzung, die zu Hause bleiben müssen; meist schlucken sie eine Medizin, die sie in Tiefschlaf versetzt, wobei sie dann auch nur unwesentlich altern, während ihre Partner fort sind.«

»Und wie ist es mit dir? Hast du so einen Partner, und wenn, ist er auf dem Schiff oder auf der Erde?«

»Nein, ich bin allein, ledig, und ganz zufrieden mit diesem Stand.«

»So wie eine abtrünnige Drohne?«

»Vermutlich; allerdings betätige ich mich nicht als Räuber, wie sie das tun, soviel ich verstanden habe.«

»Und wie steht es mit Dylak?« fragte Iroedh und warf einen Blick zurück, wo Barbe Dulac neben O'Mara dahintrottete; beide hielten die Köpfe starr nach vorne gerichtet. Dank ihrer langen Beine hatten Iroedh und Bloch sie ein ganzes Stück hinter sich gelassen.

»Oh, sie ist auch unglücklich.«

»Wieso?«

»Sie und O' – der Mann neben ihr – nun, sie verliebten sich, wie sagt ihr zu ›verlieben‹?«

Eine Weile suchten sie nach Synonymen, doch schließlich rief Iroedh: »Ich hab's! Es ist unser Wort *oedhurh*, das wir heute gebrauchen, um unsere Liebe und Verehrung unserem Volk gegenüber auszudrücken; im Altertum wurde es jedoch gebraucht, um derlei intensive Gefühle auszudrücken, wie du sie beschreibst. Ich bin dem Wort schon in alten Liedern und Versen begegnet. Sind eigentlich alle Menschen dieser Leidenschaft unterworfen?«

»Manche mehr, manche weniger. In der Kultur meines Volkes, zum Beispiel, ist die Rolle der Liebe eine sehr wesentliche, während Subbaraus Landsleute ihr eher etwas distanziert gegenüberstehen.«

»Aber du sagtest, sie mache ihn unglücklich!«

»Ich glaube, das war eher verletzter Stolz als Liebe.«

»Und was geschah mit den beiden hinter uns?«

»Sie ver – nun, sie schlossen einen Vertrag, sich auf Dauer zu binden.«

»Etwa in der Art, wie eine Drohne anläßlich des Mannbarkeitsritus schwört, ihrer Königin zu dienen?«

»Ja. Wir sagen, sie verlobten sich. Doch dann fand Barbe, daß ihr Mann anders ist, als er schien, er ist ein Grobian, ein ungehobelter . . .«

»Ungehobelt? Wie ein Stück Holz, das nicht mit dem Messer geglättet wurde?«

»Eine Redewendung, ein Gleichnis. Er ist ein herrschsüchtiger Bursche, jähzornig, sie wäre ihm nie verfallen . . .«

»Du meinst, sie fiel irgendwo herunter, um ihm zu gefallen? Welch ein sonderbarer Brauch!«

»Nein, nein, ich meine, sie hätte sich nie in ihn verliebt, wären die beiden nicht für so lange Zeit in dem Schiff zusammengesperrt gewesen. Sie hat aber nun die Verlobung aufgelöst und ist seitdem in elender Stimmung. Na, und er hat nur darauf bestanden, mitzukommen, um uns anderen den Ausflug zu verderben.«

»Weil er selbst unglücklich ist, will er auch alle anderen unglücklich machen?«

»So etwa.«

»Bei uns gibt's gelegentlich Arbeiterinnen von dieser Art«, meinte Iroedh und dachte an Rhodh.

»Und er ist gräßlich eifersüchtig auf mich«, fuhr Bloch fort, »denn sie arbeitet die ganze Zeit mit mir zusammen, sie präpariert meine Sammlungen und schreibt meine Notizen ins reine.«

»Warum? Bist du denn verliebt in sie?«

»Was? Ich . . .« Bloch starrte sie für einen Augenblick verblüfft an und fuhr dann fort: »Nein, nein, nichts dergleichen. Aber er denkt, ich bin's.«

Iroedh fand, daß seine Proteste zu heftig waren, um allzu glaubwürdig zu sein. Sie fragte: »Könnte es nicht sein, daß du sie tatsächlich liebst, Daktablak, es aber nicht zugeben willst, weil du den Zorn dieses starken Mannes fürchtest?«

»Lächerlich. Doch laß uns von etwas anderem reden!«

»Gern, wenn du es wünschst; doch ich fürchte, ich werde euch sonderbare Menschen nie verstehen. Jedenfalls kann eure Art von Liebe nicht viel taugen, wenn sie jedermann unglücklich macht. Hier müssen wir abbiegen!«

Sie führte die Menschen auf einen Pfad, der sich von der Straße weg über den Talboden zog.

Bloch wandte sich wieder an sie: »Iroedh, hast du jemals

von einem anderen Raumschiff gehört, das hier gelandet ist, vor der ›*Paris*‹?«

»Nein. Ein alter Mythos berichtet zwar von Göttern, die vom Himmel kamen, aber heute glaubt niemand mehr daran.«

»Nein, das liegt nur einige Jahre zurück. Eine gemischte Expedition von Osiris und Thoth . . .«

»Von wo?«

»Nun, die Mannschaft des Schiffes bestand aus Leuten von Osiris und Thoth, das sind Planeten des Prokyon-Systems. Prokyon ist der zweithellste Stern hier auf eurem Himmel.«

»Ach, du meinst Ho-olhed?«

»Wie immer ihr ihn nennt. Die Osirianer sind von der Art eurer Uegs, aber ganz mit Schuppen bedeckt, die Thothianer hingegen sind über und über behaart und nur etwa so groß . . .« Er hielt seine Hand in Hüfthöhe. »Ihr Schiff scheint auf demselben Kontinent gelandet zu sein, soweit ich das aus ihren Schilderungen und Fotografien entnehmen kann. Sie waren erst einige Tage hier, als ein Erkundungstrupp, den sie ausgesandt hatten, überfallen wurde. Als der einzige Überlebende zum Schiff zurückkam . . .«

»Wer hat sie überfallen?« fragte Iroedh.

»Avtini, dem Bericht nach; vielleicht auch eine Bande dieser abtrünnigen Drohnen, von denen du erzählt hast. Wie dem auch sei, der Überlebende erzählte jedenfalls eine so haarsträubende Geschichte, daß der Kapitän, ein Osirier namens Fafashen, von Panik ergriffen wurde und beschloß, augenblicklich zu starten und wieder heimzufahren. Die Osirier sind wirklich zu sehr von Impulsen und Emotionen beherrscht, um Raumerkundung zu betreiben.«

»Ich habe nie von so etwas gehört; allerdings kann es sich auch weit weg von hier abgespielt haben, und Neuigkeiten breiten sich kaum aus; normalerweise weiß ein Volk nicht, was sich bei einem anderen tut und kümmert sich auch nicht um Dinge, die auf fremden Territorien vorgehen. Die wenigen Leute, die sich wie ich für die Rasse als Ganzes interessieren, hält man für verschroben.«

»Davon hab' ich schon einmal gehört«, meinte Bloch.

Der Pfad wand sich nun in Serpentinen den Hang hinauf. Iroedh, die wußte, was sie erwartete, trug nichts weiter als ihre Stiefel und an einem Schulterriemen ihr Proviantpaket und ein bronzenes Beil. Als sie begann, damit an den Büschen herumzuhacken, die den Pfad überwachsen hatten, meinte Bloch: »Komm, laß mich das tun!«

Unter seinen Geräten hatte er ein Ding, wie es Iroedh bisher noch nie gesehen hatte: es sah aus wie ein sehr langes, breites Messer mit einem geraden Rücken und einer gekrümmten Schneide, die ihre breiteste Stelle bei etwa einem Drittel der Strecke zwischen Spitze und Griff hatte. Ein einziger Hieb mit diesem Gerät schaffte gleich einen Armvoll Stauden zur Seite.

Iroedh wollte gerade in Bewunderung ausbrechen, als sie sich selbst zur Ordnung rief. Man durfte nicht den leisesten Vorteil aus der Hand geben! Ihr scharfer Verstand hatte sofort die Möglichkeit erkannt, die dieses Ding als Waffe bot, und sie wunderte sich, warum noch kein Avtini auf die Idee gekommen war . . . Bloch schien anzunehmen, daß ihr das Gerät vertraut war, doch wenn sie zuviel Aufhebens davon machte, würde er gleich wissen, wie es tatsächlich stand und, seinen Vorschriften entsprechend, sie davon abzuhalten suchen, mehr darüber zu erfahren.

»Wie nennt ihr das Ding?« fragte sie, scheinbar gleichgültig.

»Eine Machete.«

»Eine *matselh*«, wiederholte sie, wobei sie unbewußt die avtinische Endung für Werkzeuge und Geräte anhängte.

»Wie heißt das bei euch?«

»Eine *valh*«, erwiderte sie, das avtinische Wort für ›Messer‹ benutzend. »Gebraucht ihr sie als Waffen?«

Bloch dachte einen Augenblick lang nach, bevor er antwortete: »Man könnte wohl, doch ist sie ein bißchen kopflastig für diesen Zweck. Vor vielen hundert Jahren hat man bei uns mit ähnlichen Geräten gekämpft, gefochten – man nannte sie ›Schwerter‹. Die beste Form wäre ein leichteres, längeres, spitz zulaufendes Kampfmesser. Doch heute benützen wir das da« – er deutete auf seine Maschinenpistole – »das heißt, wir würden es tun, wenn wir noch Kriege hätten. Wie ist's damit bei euch?« fragte er, und in seiner Stimme schwang eine Spur Mißtrauen mit.

»Ach, manche Völker benützen so was«, log Iroedh, »doch wir Avtini bevorzugen den Speer. Kann ich einmal probieren?«

»Schneide dich nur nicht«, warnte er und reichte ihr die Machete, den Griff nach vorne.

Nach ein paar mehr oder weniger mißglückten Hieben auf die Büsche hatte Iroedh den Kniff heraus.

Ein avtinisches Lächeln kräuselte ihre Lippen, als sie sich vorstellte, sie köpfte mit jedem Hieb einen Arsuun von Tvaarm.

Während des Gespräches hatten O'Mara und Barbe Dulac aufgeholt, und als sie zu Bloch und Iroedh stießen, rief O'Mara: »He! Laßt mal einen Mann ran! Ich werd' euch zeigen, wie man einen Weg macht!«

Er watete durch das Buschwerk, seine eigene Machete schwingend und die Stauden in großen Ballen zur Seite schlagend.

Nun wechselten sie ab, Barbe ausgenommen, die zu klein war. Bald waren die Hemden der drei Menschen schweißgetränkt, und die beiden Männer zogen sie aus. Fasziniert starrte sie Iroedh an: »Daktablak, du sagtest, du bist ein funktionsfähiger Mann, wie kommt es dann, daß du und O'Mara rudimentäre Brüste habt wie eine avtinische Arbeiterin?«

»Haben denn eure Drohnen keine?«

»Nein. Bist du ganz sicher, daß du ein Mann bist?«

Bloch brach in das bellende terranische Lachen aus: »Ich hab's jedenfalls immer geglaubt!«

»Und warum legt die kleine Barbylac nicht ihre Tunika ab? Ich hätte sie gerne ohne gesehen!«

»Das ist gegen unsere Bräuche.«

Auf Barbe Dulacs Bitte hin übersetzte Bloch den letzten Teil des Gespräches. Iroedh konnte sich nicht erklären, warum Barbe rot wurde und O'Mara in lautes Gelächter ausbrach.

»Diese Heiden haben keine Spur von Schamgefühl«, meinte der Fotograf und unterbrach seine Arbeit, um sich den Schweiß mit seinem haarigen Unterarm von der Stirn zu wischen. »Da, Eierkopf«, sagte er zu Bloch gewandt, »übernimm du wieder!«

Iroedh verstand zwar nur hie und da ein Wort, doch konnte sie Blochs Miene unschwer entnehmen, daß ihm diese Art der Anrede mißfiel. In grimmigem Schweigen hieb er in das Strauchwerk.

Iroedh blieb nun ein wenig zurück, um sich mit Barbe Dulac zu unterhalten, was mit großen Schwierigkeiten verbunden war, da jede nur ein paar Brocken der Sprache der anderen kannte. Doch mit viel Gestik und Lautmalerei vergrößerten die beiden bald ihren Wortschatz. Eine weitere Schwierigkeit bestand natürlich darin, daß Englisch, die gemeinsame Sprache der Menschen auf dem Schiff, nicht Barbes Muttersprache war. Sie kam aus einem Land, das sie selbst ›Helvetia‹ nannte, die anderen nannten es ›die Schweiz‹.

»Bei uns gibt es auch solche Verschiedenheiten«, meinte Iroedh. »Die Arsuuni, zum Beispiel, nennen sich selbst *Arshuul*, aber da wir kein sh in unserer Sprache haben, und auch andere Endsilben, nennen wir sie eben *Arsuuni.*«

Dann kam Iroedh wieder mit der Machete an die Reihe. Der Weg wurde auch immer steiler, so daß die Gespräche abbrachen. Felsvorsprünge ermöglichten einen weiten Blick über das Tal. Ein Stück des Weges führte durch eine fast senkrechte Wand, an der nur noch einige Ranken unsicheren Halt fanden; zur Zeit seiner Erbauung ein ganz passabler

Steig, war er nun durch Wind und Wetter im Laufe der Zeit zu einem kaum handbreiten Band geworden; an der Felsseite hatte sich Sand und Gestein angesammelt, an der Talseite war er zum größten Teil abgebröckelt. Die vier tasteten sich vorsichtig hinüber; bei jedem Schritt löste sich lockeres Gestein von der Kante und prasselte in die Tiefe.

Iroedh zeigte nach vorne: »Die Ruine, seht!«

»Wenn wir dann noch am Leben sind!« knurrte O'Mara und wischte sich mit dem zusammengerollten Hemd den Schweiß von der Stirn.

Nach einer weiteren halben Stunde hatten sie den Felsrükken erreicht, auf dem die Ruine stand, und von hier an war es nur mehr ein Spaziergang. Bloch wies auf die riesigen Steinquader, von denen jeder mehrere Tonnen wiegen mußte: »Wie um alles in der Welt haben eure Vorfahren die da herauf gebracht?«

Achselzuckend erwiderte Iroedh: »Wir wissen es nicht, vielleicht haben sie sie aus der Felswand herausgeschnitten. Die Alten haben vieles zuwege gebracht, das wir heute nicht mehr können.«

»Wann können wir eigentlich essen?« wollte O'Mara wissen.

»Jederzeit!« meinte Bloch.

So packten sie ihren Imbiß aus. Iroedh, die an ihrem Zwieback knabberte, erkundigte sich nach der menschlichen Nahrung, als sie sah, was die anderen alles zu sich nahmen.

»Ist es denn bei euch so«, rief sie, »daß die Männchen Pflanzen essen und die Weibchen Fleisch?«

»Ja, und anders rum«, lachte Bloch. »Versuch doch mal einen Happen Fleisch!«

Entsetzt wehrte sie ab: »Unmöglich! Nicht nur, daß es gegen das Gesetz wäre, aber ein Bissen Fleisch würde eine Arbeiterin glatt vergiften, die ihr Leben lang von pflanzlicher Diät gelebt hat. Und es ist ein schrecklicher Tod! Wenngleich«, fügte sie nachdenklich hinzu, »berichtet wird, daß vor Jahrtausenden, vor der Reformation, die Bevölkerung von solch einer gemischten Diät gelebt hat. Heute würden wir das als Rückfall in die Barbarei ansehen!«

O'Mara brachte eine Flasche zum Vorschein, die mit einer gelblich-braunen Flüssigkeit gefüllt war; er schraubte den Verschluß ab und trank.

»Woher hast du den?« erkundigte sich Bloch.

O'Mara grinste. »Aus Doc Markowicz' Schrank, als er gerade nicht herschaute. Nimm einen Schluck!«

Er reichte die Flasche zu Bloch hinüber, der sie nach kurzem Zögern schließlich nahm und daraus trank.

Auch Barbe Dulac bat um einen Schluck.

»Na, und was ist mit unserer Eingeborenen?« fragte O'Mara. »Das ist einer der menschlichen Gebräuche, den unser Schatz probieren sollte!«

»Vorsicht!« warnte Bloch. »Nur einen kleinen Schluck, wer weiß, wie du das Zeug verträgst.«

Iroedh legte den Kopf zurück, wie sie es die anderen hatte tun sehen. Doch ungewohnt, aus einem solchen Gefäß zu trinken, nahm sie einen großen Mundvoll. Ihr Inneres brannte, als hätte sie glühende Kohlen geschluckt; heftig hustend und würgend spuckte sie die Hälfte dieses gräßlichen Saftes wieder aus.

»Ich – ich bin vergiftet!« japste sie zwischen Husten und Würgen.

»Hoffentlich nicht«, meinte Bloch und klopfte ihr den Rükken.

Als sich Iroedh wieder einigermaßen erholt hatte, sagte sie: »Nun wollen wir aber die Ruinen erforschen!«

O'Mara streckte sich: »Du, Eierkopf, kannst ja forschen, ich brauche eine Verschnaufpause. Außerdem steht die Sonne zu hoch, um einigermaßen brauchbare Bilder hinzukriegen!«

»Ich hätte auch gegen eine Rast nichts einzuwenden«, meinte Barbe Dulac.

»Und wie steht's mit dir, Iroedh?« fragte Bloch.

Iroedh unterdrückte ein Gähnen. »Ich hoffe, es macht euch nichts aus – aber ich kann tatsächlich kaum mehr die Augen offenhalten!«

»Du wirst mir doch nicht weismachen wollen, daß der halbe Schluck Whisky schon jetzt eine solche Wirkung zeigt?«

»Ich glaube, das rührt eher daher, daß ich letzte Nacht kaum geschlafen habe.«

»Das war der Kaffee, den du gestern getrunken hast! Also macht euer Schläfchen, ich werde euch in einer Weile wieder wecken!«

O'Mara genehmigte sich noch einen tüchtigen Schluck aus der Flasche und richtete sich dann aus seinen Sachen eine Art Polster. Barbe Dulac sagte zu ihm: »John, meinst du nicht, du holst dir einen Sonnenbrand, wenn du so mit bloßem Oberkörper schläfst?«

»Ach was, diese elenden Roten Zwerge, diese Sterne produzieren ja kaum Ultraviolettstrahlung!«

Iroedh, die um eine Übersetzung gebeten hatte, fragte dann: »Ist denn eure Sonne so verschieden von der unseren?«

»Das will ich meinen«, erwiderte Barbe. »Sie ist etwa halb so groß und viermal so hell! Für uns sieht eure Sonne wie eine reife Orange aus – das ist eine Frucht, die auf der Erde wächst.«

»Wie nennt ihr unsere Sonne?«

»Lalande 21185. Das ist nur eine Nummer in einem Sternkatalog.«

Iroedh wollte gerade fragen, was ein Sternkatalog sei, als sie merkte, daß Barbe eingeschlafen war. Iroedh, die gewöhnt war, unter primitivsten Bedingungen zu schlafen, nickte sogleich ein, auf dem Schotter ausgestreckt, einen Stein als Kopfkissen.

Einige Zeit später wurde sie durch laute Stimmen geweckt. Sie hätte gerne noch weitergeschlafen und versuchte dies auch, doch ein plötzliches klatschendes Geräusch machte sie im Augenblick hellwach. Es hatte geklungen wie der Schlag einer offenen Hand auf nacktes Fleisch.

Sie riß die Augen auf und sah Barbe halb fallend nach rückwärts stolpern; rote Streifen zogen sich über die eine Wange.

Das Geräusch war tatsächlich ein Schlag gewesen! Barbe schrie, und O'Mara brüllte: »Das wird dich lehren, nicht mit einem Ehrenmann dein Spiel zu treiben!«

Er machte einen eigenartig unsicheren Schritt nach vorne. Iroedh, die nun aufgestanden war, sah die Flasche auf den Steinen liegen. Sie war leer.

Angesichts dieses Streites wußte Iroedh nicht, was sie tun sollte. Sie wußte, daß Unrecht geschah, doch wagte sie, als Angehörige einer fremden Spezies, nicht, einzugreifen. Im gleichen Augenblick jedoch kam Bloch hinter einem Mauerrest hervor und ging auf O'Mara zu.

»Hör mal, was soll das? Du kannst doch nicht . . .«

»Das ist dein Werk!« schrie O'Mara, »du mieser alter Glatzkopf, mir mein Mädchen zu stehlen!«

Bloch blieb stehen, verblüfft, unsicher, sein ganzes Gebaren zeigte, daß er die Wut und Brutalität des anderen fürchtete. Er warf einen Blick auf Barbe, doch Iroedh konnte nicht verstehen, was diese sagte. Immerhin hatte es die Wirkung, daß sich seine Muskeln strafften und er einen Schritt auf O'Mara zuging.

Wumm! O'Maras große Faust schoß vor und traf Blochs Gesicht von der Seite; sein Kopf flog zurück, er stolperte und fiel rücklings auf die Steine.

»Was ist«, schrie O'Mara, »willst du nicht aufstehen und es auskämpfen wie ein Mann, oder muß ich . . .«

Bloch kam wieder auf die Beine, schwankend zuerst, doch langsam wieder Sicherheit gewinnend. Iroedh, fasziniert und entsetzt zugleich, wunderte sich, warum keiner der beiden daran dachte, die Pistole oder die Macheten zu benützen, die neben den anderen Sachen an der Mauer lagen. Eine derartige Methode, Differenzen auszutragen, war undenkbar unter der Disziplin eines avtinischen Volkes; Gewalt war unbekannt – Krieg, Königinnenduell und Säuberung ausgenommen.

Mit einem Grunzen senkte O'Mara den Kopf und griff an wie ein wütender *Vakhnag*bulle. Bloch stand den Bruchteil einer Sekunde starr, beide Fäuste ein wenig hilflos vor sich haltend; dann warf er sich plötzlich zur Seite und schob das eine Bein in den Weg seines Angreifers; O'Mara, blind anstürmend, stolperte und machte, schon halb fallend, noch ein paar Schritte gegen den kniehohen Steinwall, der diesen Teil der Feste gegen den Abgrund hin umschloß.

Im nächsten Augenblick sah Iroedh nur mehr ein Paar Stiefel in der Luft – dann war O'Mara verschwunden.

Ein verhallender Schrei, plötzlich abgeschnitten durch das Geräusch eines aufschlagenden Körpers; weitere Aufschläge, begleitet und gefolgt von dem Prasseln lockeren Gesteins.

»*Tonnere de Dieu!*« sagte Barbe.

Die drei rannten zum Steinwall und sahen hinunter. Schließlich entdeckte Iroedh die Andeutung eines Farbflecks tief unten im Grün.

»Ist er das nicht, dort, in den Ästen des *khal*?«

Alle Blicke folgten ihrer ausgestreckten Hand. Bloch holte ein kleines schwarzes Ding hervor und sah durch dessen blanke Glasaugen.

»Er ist's, ja. Tot, wie zu erwarten.«

Er reichte Iroedh das Fernglas. Fast ließ sie es fallen vor Überraschung, als ihr der rötlich-grüne Fleck am Fuß der Klippen entgegenzuspringen schien. Lange sah sie durch das Glas, dann gab sie es zurück.

»Ich bin sicher, daß er tot ist. Sehr tot«, sagte sie leise.

»Ich glaube nicht«, meinte Iroedh, »daß ich eure irdischen Gebräuche verstehen kann. Stürzte sich O'Mara in den Abgrund, weil er Barbylak liebte – oder handelte es sich um eine Art von zeremonieller Hinrichtung?«

Doch Iroedh bekam keine Antwort. Die beiden Menschen waren einander zugewandt und redeten in ihrer eigenen Sprache, Barbe in schluchzenden Lauten, wobei Tränen ihre Wangen herabliefen. Offenbar die terranische Art, Kummer auszudrücken – doch für Iroedh nur schwer zu verstehen. Dieser weibliche Mensch hatte doch O'Mara nicht mehr gemocht, und er hatte sie eindeutig schlecht behandelt. Warum also derlei Emotionen? Es sei denn, O'Mara war ein so wichtiges Mitglied dieses terranischen Volkes, daß sein Tod dessen Existenz gefährdete.

Gelegentlich schnappte sie ein bekanntes Wort auf, wie etwa ›schrecklich‹ und ›Liebe‹. Dann legten die Menschen ihre Arme umeinander, Mund an Mund, worauf Barbe nur noch mehr Tränen vergoß.

Endlich wandte sich Bloch zu Iroedh und sagte: »Du hast gesehen, was geschah, nicht wahr?«

»Ja gewiß, aber ich verstehe es noch immer nicht. Hat sich O'Mara selbst getötet?«

»Nein. Er hat versucht, mich umzubringen oder ganz etwas Ähnliches, und als ich ihm ein Bein stellte, stolperte er darüber. Nun, wenn bei uns einer einen anderen aus persönlichen Gründen tötet . . .«

»Du meinst, wie wenn wir überschüssige Drohnen oder unfähige Arbeiterinnen zum Wohle des Volkes töten?«

»Nein. Das wäre so, wie wenn eine Arbeiterin eine andere tötete, bloß, weil sie sie nicht mag, oder weil die andere etwas besitzt . . .«

»Völlig ausgeschlossen!« rief Iroedh entsetzt.

»Eure abtrünnigen Drohnen greifen doch auch Arbeiterinnen an, um Essen oder Vorräte zu rauben, nicht?«

»Das ist etwas anderes. Eine Arbeiterin greift *nie* eine andere Arbeiterin ihres Volkes an, außer in Ausführung eines Ratsbefehls.«

»Nun, bei uns ist es anders. Ein solches Vorgehen wird als Mord bezeichnet und bestraft, mit dem Tode oder langem Eingesperrtsein.«

»Bedeutet letzteres, daß man den Verurteilten verhungern läßt? Welch eine seltsame . . .«

»Aber nein. Sie haben eine Wohnung und genug zu essen, aber natürlich ohne Luxus.«

»Wo bleibt da die Strafe? Einigen unserer fauleren Arbeiterinnen würde nichts besser passen, als so . . .«

Bloch strich sich mit einer fahrigen Bewegung über den Kopf. »Wir kommen vom Thema ab. Unterbrich mich bitte ein paar Sätze lang nicht! Wenn ich zum Schiff zurückkomme und erzähle diesen Vorfall so, wie er sich abgespielt hat, dann werden einige von uns der Ansicht sein, ich habe O'Mara umgebracht, wegen Barbe. Weil ich aber nicht glaube, irgendeine Verurteilung zu verdienen – Barbe kann schließlich bezeugen, daß es Unfall und Notwehr war – würde die ganze Geschichte sehr viel Staub aufwirbeln und meinen Ruf daheim auf der Erde ruinieren . . .«

»Wenn der Tod nach euren Gesetzen gerechtfertigt war, warum sollte dir dann irgend jemand Vorwürfe machen?«

»Es ist schon so, du mußt mir glauben, meine Karriere wäre in Gefahr. Und deshalb haben Barbe und ich beschlossen, kein Wort von Kampf oder Streit zu erwähnen. Wir sagen ganz einfach, er war betrunken, von dem medizinischen Whisky, und wollte angeben, indem er auf dem Wall balancierte. Dabei stürzte er ab.«

»Ihr wollt – euer eigenes Volk *belügen*?«

»Nicht gerade das, wir wollen nur nicht alles erzählen. Und schließlich war er wirklich betrunken und fiel über den Wall.«

»Seltsame Rasse, ihr Menschen. Und was soll ich tun?«

»Unsere Geschichte bestätigen. Kein Wort über den Kampf!«

»Tue ich damit recht?« Zweifel schwang in Iroedhs Stimme.

»Wir glauben, ja. Wir können nicht einsehen, was Verhöre und Gerichtsverfahren brächten, wo es sich doch schließlich nur um Selbstverteidigung handelt.«

»Nun gut, ich will nichts sagen. Doch da ich nun wach bin, soll ich euch durch die Ruinen führen?«

»Herr im Himmel, nein! Wir müssen schnellstens zurück, über O'Maras Absturz berichten und Anstalten treffen, seinen Leichnam zu bergen.«

»Warum denn das? Seine Kleidung und seine Sachen sind durch den Sturz gänzlich unbrauchbar geworden!«

»Das ist so Brauch bei uns«, gab Bloch zur Antwort und sammelte die herumliegenden Geräte ein.

»Eßt ihr die Körper der Toten? Oder macht ihr Seife daraus, wie wir es tun?«

Barbe Dulac gab einen entsetzten Laut von sich, und Bloch sagte: »Gewöhnlich nicht; wir begraben sie mit einer Zeremonie.«

Iroedh seufzte. »Was für Leute ihr seid. Soll ich vielleicht seine Sachen tragen?«

Bloch reichte ihr O'Maras Kamera, die Tasche mit dem Fotomaterial und die Machete; dann machten sie sich an den Abstieg. Der Heimweg ging bedeutend rascher vonstatten, es ging bergab, und der Pfad war schon leidlich vom Buschwerk geräumt.

Iroedh, mit O'Maras Sachen behängt, dachte über die mißliche Lage ihrer Gefährten nach. Sie hatte sie, als Einzelwesen, gern, etwa so, wie man ein freundliches Ueg oder ein anderes zahmes Tier gern hat; ihre Loyalität aber lag auf seiten ihres Volkes. So würde sie gewiß nicht zögern, ihre Schwierigkeiten für eigene Zwecke auszunutzen, so sich eine Gelegenheit dazu bot.

Sie erinnerte sich eines längst vergessenen Epos, die Idhios-Saga, deren letzte Strophen von der Drohne Idhios berichtete, die ihr Wissen um die Verbindung zwischen Königin Vinir und dem Drohnenmann Satius benützt hatte, die Königin zu zwingen, Inimdhads Schatz zu stehlen und zu übergeben. Das lag weit zurück, in jenen barbarischen Zeiten, als die Arbeiterinnen noch Eier legten und die Königin jeweils nur einen einzigen Drohnenmann hatte, den man König nannte; er nahm sich tatsächlich heraus, der Königin vorzuschreiben, von wem sie sich befruchten lassen durfte.

Hatte man es mit Geschöpfen von so primitiver sozialer Organisation zu tun, wie es diese Menschen oder Iroedhs eigene ferne Vorfahren waren, war es wohl möglich, von ihnen Dienste zu erzwingen oder sonstige Vorteile zu erhalten, wenn man ihnen drohte, etwas Nachteiliges über sie publik zu machen. Iroedh überlegte, ob sie wohl Bloch zwingen konnte, Elham gegen Tvaarm beizustehen, wenn sie ihm drohte, Subbarau zu erzählen, was sie wußte. Einen Augenblick lang dachte sie, die Lösung für die Schwierigkeiten ihres Volkes gefunden zu haben, und sie stellte sich vor, wie Bloch mit seiner Zauberwaffe die arsuunischen Riesen niedermähte.

Doch gleich darauf fiel ihr ein, daß ja Bloch nicht der oberste seines Volkes war, darüber also gar nicht entscheiden konnte. Und ihr Wissen konnte nicht die ganze Besatzung der *Paris* zwingen, Elham zu helfen, denn Subbarau war der Führer, und gegen ihn hatte sie nichts in der Hand.

Konnte sie Bloch zwingen, allein nach Elham zu kommen und für die Avtini zu kämpfen? Schwerlich. Selbst Mitglied eines durchorganisierten und disziplinierten Volkes, konnte sie sich vorstellen, daß auch Bloch nicht kommen und gehen konnte, wie es ihm beliebte.

Da hatte sie eine andere Idee. »Barbylak!«

»Ja?« Barbe Dulac wandte sich zu ihr.

»Habt ihr in eurem Himmelsschiff eine dieser Maschinen, die sagen, wann ein Mensch lügt?«

»Soviel ich weiß, ja. Niemand muß sich einem solchen Test unterwerfen, aber wenn es ein Beschuldigter verweigert, so macht das die Offiziere nur noch mißtrauischer.«

Also würde es nicht nötig sein, daß Subbarau Beweise hatte; es würde genügen, sein Mißtrauen zu wecken, und der wahre Sachverhalt über O'Maras Tod würde ans Tageslicht kommen.

Konnte sie vielleicht Bloch zwingen, ihr irgendwelche

technischen Geheimnisse mitzuteilen, mit deren Hilfe die Avtini den so bitter nötigen Vorteil über ihre Gegner erlangen konnten? Oder wenn er ihr seine *pistelh* lieh? – Wer weiß, diese *pistelh* war schließlich ein komplizierter Mechanismus, und wenn man sie nicht ganz richtig behandelte, konnte es wohl geschehen, daß sie den Schützen durchlöcherte und nicht das Ziel. Um die Wahrheit zu sagen, Iroedh fürchtete sich vor dieser Waffe. Außerdem benötigte man ja auch einen Vorrat von diesen kleinen Messingdingern, mit denen sie gefüttert wurde.

Aber vielleicht etwas Einfacheres, wie etwa diese Machete, deren Scheide gegen ihren Oberschenkel schlug. Wie sie funktionierte, konnte jeder verstehen.

Dann erinnerte sie sich, wie die Idhios-Saga endete. Idhios, im Triumphgefühl seines Sieges, die Augen auf den gewonnenen Schatz geheftet, wurde von Königin Vinir rücklings erstochen. Sie erzählte den anderen, er habe versucht, sie ohne ihr Einverständnis zu befruchten (völlig ausgeschlossen in einer modern organisierten Volksgemeinschaft!), was, in jenen fernen Tagen, gar nicht so selten vorkam und als schweres Verbrechen angesehen wurde.

Die Lehre, die man aus dieser Geschichte ziehen konnte, war: Willst du ein Geschöpf mit primitiver sozialer Organisation zwingen, etwas für dich zu tun, indem du ihm drohst, ein gefährliches Geheimnis zu lüften, dann sieh zu, daß es dich nicht umbringt, um deinen Mund für immer zu schließen!

Wenn aber die Saga eine solche Warnung enthielt, so zeigte sie auch, wie die Gefahr zu meiden war. Es hatte nämlich Idhios eine Niederschrift über das Verhältnis zwischen Königin Vinir und Santius seinem Freund Gunes übergeben, mit dem Auftrag, diese König Aithles, dem einzigen offiziellen Drohnenmann der Königin, zu übermitteln, falls ihm etwas zustieß. Und so tat Gunes. Das Epos endete mit dem Tod Königin Vinirs und ihres Liebhabers: die Häscher des Königs hielten die beiden über die Zinnen des Schlosses, und der König selbst schlug ihnen die Köpfe ab, so daß diese in den Burggraben fielen.

Obgleich Iroedh, dank ihrer Studien, viel freier in ihrem Denken war als die meisten avtinischen Arbeiterinnen, konnte selbst sie sich nicht ohne Schaudern vorstellen, wie eine Drohne eine Königin tötete. Kein Wunder, daß die Idhios-Saga bei allen avtinischen Völkern verboten war!

Die Frage war, ob ein so kompliziertes Vorgehen in ihrem Fall überhaupt notwendig war.

Sie hatten mittlerweile den Talboden von Gliid erreicht. Der Weg war breiter geworden, und Bloch ging nun neben Barbe Dulac, die beiden hielten sich an den Händen und kümmerten sich nicht weiter um Iroedh.

War Iroedh zunächst ein wenig gekränkt gewesen, daß man sie so ignorierte, so überlegte sie jetzt, wie sie die Versunkenheit der beiden für ihre Zwecke ausnutzen könnte. Sie wog die Machete in ihrer Hand. Vielleicht würde sie in der Aufregung niemand vermissen, wenn Bloch und Barbe ihre Geschichte erzählten und man die Suche nach O'Maras Leichnam organisierte.

Sie sagte: »Daktablak! Wenn es dir recht ist, laufe ich voraus zu unserem Lager und bitte unseren Anführer, ein paar von uns euch zu Hilfe zu schicken, um die Leiche zu bergen.«

»Gute Idee! Vielen Dank auch, Iroedh!« erwiderte Bloch geistesabwesend, um gleich darauf wieder mit Barbe zu sprechen.

So konnte Iroedh die Straße verlassen und O'Maras Besitztümer unbemerkt mit sich nehmen.

IV

Der Hubschrauber

Im Lager der Avtini war Vardh die einzige Arbeiterin, der Iroedh begegnete, und die fragte sie sogleich: »Wo ist Rhodh?«

Vardh zeigte hinüber zur *Paris*. »Sie treibt sich schon eine Zeitlang dort herum, in der Hoffnung, irgend etwas Brauchbares zu finden. Wie ist's dir ergangen? Iinoedh hat schon gefürchtet, diese Wesen würden dich auffressen . . .«

»Bitte, geh und hole Rhodh!« unterbrach sie Iroedh.

Gehorsam ging Vardh. Iroedh aber wandte sich zu ihrem Wagen, stieg auf und klappte den Sitz zurück. Dieser Sitz war ein Kasten mit aufklappbarem Deckel; in ihm bewahrte Iroedh ihren Umhang und allerlei andere Sachen auf. Sie wickelte die Machete in den Umhang und stopfte das Bündel in eine Ecke, schloß den Deckel und legte die anderen Sachen, auch die Kamera, oben auf den Sitz.

»Also, was ist?« klang Rhodhs ungeduldige Stimme von unten herauf. »Werden sie auf unserer Seite kämpfen?«

Erschrocken fuhr Iroedh herum; sie hatte nicht erwartet, daß Rhodh sie so überfallen werde. Rhodh hatte Küraß und Schurz abgelegt (trug allerdings noch immer ihre hüftlange Haqueton-Tunika), so daß sie sich ohne das übliche Geklirre bewegen konnte. Jetzt, bevor Bloch wieder zurück war, konnte ihr Iroedh die Machete zeigen und ihren Plan unterbreiten, solche Macheten aus Bronze herzustellen und für ihren Kampf zu verwenden.

»Ja, nicht ganz«, erwiderte Iroedh. »Aber ich habe . . .«

»Was soll das heißen, nicht ganz? Werden sie jetzt für uns kämpfen oder nicht?«

»Nein, aber . . .«

»Also wieder versagt! Ich hätt' es ja wissen sollen, du bist ein Versager! Wieder ein kostbarer Tag verloren, wo doch der Einmarsch der Arsuuni bevorsteht. Ich kann mir vorstellen, wie du in deiner traumverlorenen Art einfach unsere Mission vergessen hast, und mit denen nur die ganze Zeit über irgendwelchen altmodischen Unsinn diskutiert hast. Von allen blöden, unfähigen . . . Na, egal, so etwas soll nicht wieder vorkommen. Morgen wirst du das Lager auf Hochglanz bringen, und ich selbst werde mit Blok verhandeln.«

Rhodh marschierte ab, ohne die unglückliche und wütende Iroedh noch zu Wort kommen zu lassen. Diese, von verbotenen Gedanken an physische Racheakte durchströmt, biß sich auf die Lippen. Das war zweifelsohne der Einfluß dessen, was sie auf der Zitadelle gesehen hatte, dachte sie, die Gewalt, Gesetzlosigkeit . . .

Sie rief: »Rhodh!«

»Was ist noch?«

»Ich wollte dir eigentlich sagen, daß einer dieser Menschen von den Klippen gefallen und tot ist. Sie wollen die Leiche holen, und du könntest einen guten Eindruck machen, wenn du einen Hilfstrupp abkommandierst.«

Zornig erwiderte Rhodh: »Sollen sich doch die Menschen mit ihren eigenen blödsinnigen Bräuchen abplagen, ich hab' meine eigenen Sorgen!«

»Dann werde ich gehen . . .«

»Das wirst du nicht! Du wirst im Pferch der Uegs saubermachen und ihnen frisches Futter holen. Fang gleich damit an!«

»Dann mußt du wohl diese Sachen den Menschen zurückgeben.« Iroedh hielt O'Maras Sachen hoch – ausgenommen die verborgene Machete. »Das gehörte dem toten Mann, und die anderen werden es suchen.«

»Hm. Laß mal sehen!«

Rhodh nahm die Sachen an sich, drehte sie um und um und probierte Griffe und Knöpfe. Dann ging sie damit zur *Paris* hinüber. Rotgolden schimmerte ihr Helm im Licht der tiefstehenden Sonne.

Wenn die Menschen sich der fehlenden Machete erinnern, dachte Iroedh, sind O'Maras Sachen bereits durch so viele Hände gegangen, daß sich nicht mehr feststellen lassen wird, wo sie geblieben ist.

So besorgte sich Iroedh eine Schaufel und machte sich über die am wenigsten beliebte Arbeit im Lager. Nach dieser Abfuhr würde sie nicht im Schlaf daran denken, Rhodh die Machete zu zeigen. Sie würde sie verborgen halten, bis sie sie einmal für ihre eigenen Zwecke benützen könnte.

»Iroedh, Liebste!« hörte sie die Stimme der jungen Vardh. »Kränke dich nicht wegen Rhodhs unfreundlicher Worte. Ich bin ganz sicher, du hast dein Bestes getan, aber sie ist nun mal in einer elenden Stimmung. Außerdem hat sie heute einen schlechten Tag.«

»Weswegen?«

»Heute morgen nach dem Essen beschloß sie, dem Führer der Menschen einen Besuch abzustatten. Sie legte erst alle Waffen an, obgleich der Tag heiß war und die Menschen nicht viel Wert auf zeremonielles Gehabe legen. Aber sie sagte uns, wir sollten den Mund halten, sie wüßte schon, was sich schickt, wenn ein Führer einen anderen aufsucht, und daß die Menschen aus formalen Gründen die Nacktheit ablehnten.

Dann ging sie hinüber und versuchte, dem ersten Mann, den sie sah, klarzumachen, er solle sie zu diesem Sub –, na, du weißt schon, diesem dicken braunen, dem Anführer, bringen. Als sie der Mann nicht verstand, versuchte sie, ihm ihren Wunsch klarzumachen, indem sie dasselbe einfach lauter sagte. Bald schrien sich die beiden an, und der Lärm lockte den Anführer heraus, der in dem Eimer herunterkam und fragte, was denn los sei. Als er da war, versuchte Rhodh dasselbe mit ihm, aber sie hatte auch keinen Erfolg. Er gab ihr durch Zeichensprache und ein paar Brocken Avtinisch zu verstehen, daß er beschäftigt sei und sie nicht aufs Schiff könne, weil es gerade geputzt würde oder so was Ähnliches, und dann fuhr er mit dem Eimer wieder hinauf.

Eine Weile lungerte sie noch herum und sah den Menschen zu. Einige putzten das Schiff und strichen es an, das konnte sie verstehen, aber andere beschäftigten sich mit Dingen, die ihr überhaupt nichts sagten. Einige setzten dieses riesige Zauberding dort zusammen, mit diesen drei großen Blütenblättern obenauf, wie eine reife Pomuia. Als sie die Menschen fragte, was das sei, gab ihr der eine eine Antwort, die sie natürlich nicht verstand, und er schlug dabei mit den Armen wie ein brünftiger Ueghengst. Also glaubt Rhodh, dieses Ding habe etwas mit Sex zu tun.

Andere brachten ein rundes Ding heraus, etwa so groß« – sie hielt ihre Hände etwa einen halben Meter auseinander – »und sehr leicht, so leicht, daß es in den Himmel flog, als ihm einer der Menschen einen Stoß gab. Ein anderer verfolgte seinen Flug, indem er durch so ein Zauberding schaute. Andere beschäftigten sich damit, verschiedene Kräuter auszureißen und Steine umzudrehen, um die Kriechtiere darunter einzusammeln; Rhodh fand, es sei ein für Erwachsene völlig idiotisches Verhalten, aber Avpandh meint, vielleicht suchen sie Futter.

Einer der Menschen, der mit der fast schwarzen Haut und dem krausen Haar, redete vor einer kleinen Schachtel und drehte an ihren Knöpfen und kümmerte sich überhaupt nicht um Rhodh, auch nicht, als sie ihn anredete. Nachdem sie ihn dreimal erfolglos angesprochen hatte, piekte sie ihn mit dem Speer in die Hinterbacken. Da sprang er mit einem Schrei in die Luft, rief etwas in seiner eigenen Sprache und zeigte mit so einer kleinen *pistelh* auf sie. Sie verstand das so, daß er nicht wünschte, gestört zu werden; sie gab es auf und dachte, die Terraner hätten wohl all ihre Verrückten auf dieses Schiff geladen und es weggeschickt, um sie los zu sein.«

»Sie hätte ihren Unmut nicht an mir auslassen müssen«, meinte Iroedh und fuhr gewissenhaft mit ihrer Arbeit fort. Sie versuchte, das Geräusch zu produzieren, das Bloch ›pfeifen‹ genannt hatte, doch vergeblich.

»Natürlich hast du recht, Liebste«, sagte Vardh. »Komm,

laß mich dir helfen! Aber all das ist doch aufregend, nicht wahr? Wie es in diesem Orakelvers heißt:

›Wenn Götter der Sterne auf Niond sind,
wird neue Saat gesät!‹

Du kannst diese Himmelsleute als die Götter ansehen und ihr Wissen um die Magie den Samen. Wenn wir sie nur dazu überreden könnten, ihn auszusäen!«

Iroedh erwiderte: »Du zitierst immer solche Sachen. Wenn ich mich recht erinnere, beginnt der Spruch mit den Worten: ›Wenn abtrünnig wird eine Königin im Glanz einer Strahlenkrone . . .‹ was purer Unsinn ist. Eine abtrünnige Königin! Das ist ein Widerspruch in sich.«

»Ach, ich weiß nicht. Vielleicht kann man dieses kleine terranische Weibchen als solche betrachten, zumal sie keinen eigenen Harem von Drohnen zu besitzen scheint.«

Der Lärm, der sich nun bei der *Paris* erhob, lenkte ihre Aufmerksamkeit dorthin. Bloch und Barbe Dulac waren zurückgekehrt. Die Terraner redeten wirr durcheinander, und es war ein Kommen und Gehen in dem rasselnden Lift. Inmitten des Gedränges blitzte Rhodhs Helm auf. Bald darauf sahen sie, wie eine Gruppe Menschen in Richtung der Zitadelle aufbrach.

Iroedh beendete ihre Arbeit und half dann den Jüngeren, das Nachtmahl zu richten. Rhodh kam zum Essen, doch niemand sprach viel. Iroedh dachte, daß die Junioren wohl alle auf ihrer Seite wären, aber nicht wagten, ihre Gefühle zu zeigen, aus Angst vor Rhodhs Zorn. Allein Vardh machte kein Hehl daraus, sie saß eng neben Iroedh und reichte ihr alles zu, ohne darum gebeten zu sein.

Als sie abwuschen, kam der Trupp zurück, der O'Maras Leiche geborgen hatte. Die drei Junioren ließen alles liegen und stehen und rannten hinüber, um zuzusehen.

Rhodh sagte mit leiser Stimme: »Tut mir leid, daß ich so grob war. Du hast wohl Tadel verdient, aber ich habe mich von meinem Ärger hinreißen lassen. Trotzdem bin ich noch immer der Meinung, ich sollte morgen mit Bloch verhandeln.«

»Macht nichts«, erwiderte Iroedh, weit entfernt davon, durch diese Worte beschwichtigt zu sein. Es war Rhods Pflichtgefühl, das sie bewog, einen Fehler zuzugeben, doch andererseits konnte sie es damit nicht genug sein lassen. Sie fuhr fort: »Ich will ja nicht zu streng mit dir sein, zumal du ja gelegentlich die Qualitäten einer guten Arbeiterin an den Tag legst. Wenn du dich nur nach mir richten würdest, dann könntest du schon deinen Weg nach oben machen, so wie ich!«

»Danke, aber ich ziehe meinen eigenen Weg vor, so unbedeutend er auch sein mag.«

Iroedh stellte den letzten Teller auf den Stapel und ging, wohl wissend, daß sie sich einen Todfeind geschaffen hatte, indem sie Rhodhs Annäherungsversuch zurückgewiesen hatte. Aber sie konnte sich einfach nicht dazu zwingen, sich jemandem anzubiedern, den sie so verabscheute wie Rhodh. Rhodh an ihrer Stelle würde das sicherlich getan haben.

Iroedh lag unter ihrem Netz und sah die Sterne zwischen den Maschen schimmern. Ihre Gedanken bewegten sich auf neuen, ungewohnten Bahnen: Wenn das all ihr Lohn war, diese Behandlung, warum sollte sie dann für das Volk ihren Hals riskieren? Konnte sie nicht besser ihre Macht dazu benützen, um Antis zu befreien? Sie würde danach gern ihr Letztes für Elham geben, aber Antis sollte zuerst kommen. Wenn das Volksverrat war, nun, dann mußte man eben das Beste daraus machen.

Aber was konnte Bloch für Antis tun? Konnte er die *Paris* nach Elham fliegen? Nein, nicht ohne Wissen der anderen. Und wenn sie ihn in ihrem Wagen mitnahm, würden darüber mindestens fünf Tage vergehen, das war auch keine Lösung. Und war er einmal dort, was dann? Körperlich schwächer als sie, konnte er ja nicht einmal den Wall überspringen oder das befestigte Tor einrennen. Vielleicht konnte er dazu sein

Schießeisen benützen – aber das würde den Tod von Elhamni bedeuten, ein Gedanke, den Iroedh sofort verwarf.

Und was das anging, so erschien ihr Bloch als allzu zaghaft; zwar klug und sympathisch, aber gewiß kein zweiter Idhios. In der Tat war ihre erste Einschätzung der Terraner als Überwesen, unempfindlich gegen körperliche und seelische Unbill, einer fast gegenteiligen Beurteilung gewichen; das war die Folge ihrer Erlebnisse auf der Zitadelle. Vielleicht waren sie, trotz ihres Wissens, in gewisser Hinsicht noch viel weniger gottgleich als die Avtini selbst!

Unbewußt spitzte sie ihre Lippen in einem Versuch, zu pfeifen. Zu ihrem größten Erstaunen erklang ein scharfer kleiner Ton. Sie mußte den Versuch wiederholen, bevor sie sicher war, daß dieser Ton tatsächlich aus ihrem Mund gekommen war.

Nun begann sie zu probieren. Indem sie, wie Bloch es ihr geraten hatte, die Zunge vor und zurück bewegte, gelang es, die Tonhöhe zu variieren. Sie versuchte, eine der wenigen Melodien, die sie kannte, das *Lied von Geyliad,* zu pfeifen. Sie hatte das Lied in einem alten Manuskript entdeckt, wo die Melodie mit kleinen schwarzen Punkten aufgezeichnet war. Mag sein, der Komponist hätte es nicht wiedererkannt – Iroedh jedenfalls gefiel es.

»Was ist das für ein komisches Geräusch?« fragte Avpandh mit schlaftrunkener Stimme.

»Irgendein Kriechtier«, erwiderte Rhodhs tiefere Stimme. »Schlaf weiter!«

Am nächsten Morgen putzte Iroedh das Lager, bis selbst die Grashalme in Reih und Glied standen. Sie ging zu ihrem Wagen und holte aus dem Sitzkasten, in dem die Machete verborgen lag, ihre Schreibtafel aus Vakhvilrinde. Darauf schrieb sie einen genauen Bericht der Geschehnisse des vergangenen Tages, wie es zu O'Maras Tod gekommen war. Dann zog sie die oberste Schicht ab, faltete das Blatt und suchte Vardh. Sie fand sie bei den Terranern, denen sie zusah, wie sie allerlei Maschinenteile reparierten und dabei glänzende Zaubergeräte verwendeten.

»Komm mit!« sagte sie zu ihr. »Kannst du ein Geheimnis bewahren, Liebste?«

»Für dich? Natürlich!«

»Auch Rhodh gegenüber?«

Vardh sah sich ängstlich um, doch Rhodh war nicht zu sehen, offenbar war sie mit Bloch zusammen. »Ja, auch gegenüber Rhodh. Sie ist zwar unsere Anführerin, trotzdem hab' ich nicht viel für sie übrig.«

»Und dem Rat gegenüber?«

Vardh riß die Augen auf, und ihre schmalen Pupillen weiteten sich. »Oh, das muß ja etwas ganz Entsetzliches sein! Aber für dich tu' ich alles!«

»Selbst der Königin gegenüber?«

Vardh zweifelte. »N – ja, auch das. Keine von denen ist so nett wie du. Ich liebe dich, beinahe so sehr wie unser Volk!«

Da übergab ihr Iroedh das zusammengefaltete Blatt. »Du mußt folgendes tun: Diese Botschaft hier mußt du verbergen, ohne sie zu lesen, am besten in deinem Wagen. Geschieht mir irgend etwas, werde ich getötet oder komme ich in Gefangenschaft, dann übergib das Blatt Kapitän Subbarau. Das heißt, wenn das Himmelsschiff noch hier ist und wenn ich das Blatt nicht vorher von dir zurückgefordert habe. Und zu niemandem ein Wort, ist das klar?«

»Ich hab's verstanden, Liebste.«

Als sie gegangen war, wandte sich Iroedh dem Schiff zu, wo mehrere Männer eben darangingen, an die Maschine mit den »Blütenblättern« letzte Hand anzulegen. Barbe Dulac stand in der Nähe, sah zu und warf gelegentlich einen Blick auf etwas an ihrem Finger.

»Kann ich sehen, was du da hast?« fragte Iroedh.

Barbe hielt ihre linke Hand hoch. Zum ersten Mal wurde sich Iroedh der Tatsache voll bewußt, daß die Menschen einen Finger mehr hatten als die Avtini. Am dritten Finger funkelte ein Stein (Iroedhs Vorfahren hatten vor langer Zeit solche geschnitten) an einem schmalen Ring aus grauem Metall.

»Winston gab ihn mir«, sagte Barbe.

»Was?«

Nach kurzem Hin und Her in beiden Sprachen hatte Iroedh verstanden und meinte: »Das war nett von ihm, nicht?«

»Oh, mehr als das! Das bedeutet, wir sind verlobt, wir werden heiraten.«

»Du meinst, ihr werdet einen dieser Partnerkontrakte eingehen, wie es die Terraner tun?«

Barbe seufzte. »Ja. Dieser liebe Narr hat ihn von der Erde mitgebracht und nie etwas gesagt, aus Angst vor O'Mara. Der alte Angsthase! Aber ich liebe ihn, samt seiner Glatze!«

»Das ist schön.«

»Ach, du hast ja nicht die leiseste Ahnung! Ewig schade, daß ihr hier nicht die Liebe kennt wie wir!«

»Danke! Wenn eure Art von Liebe dazu führt, daß Leute sich über die Klippen werfen, dann bin ich mit unserer vollauf zufrieden. Weil wir gerade davon sprechen, wann wird er dich befruchten? Ich wüßte gerne, wie es gemacht wird.«

Barbe konnte einen kleinen Schrei nicht unterdrücken und hustete verlegen; dabei wurde sie rot, fast so rot wie eine erwachsene Avtin. Iroedh, die nicht ahnte, daß sie die Ursache dieser Reaktion sein könnte, nahm an, Barbe hätte etwas in die unrechte Kehle bekommen.

Barbe richtete sich auf und sagte: »Schau nur, Kang wird gleich starten!«

»Was? Ein Wettlauf!«

»Aber nein, den Hubschrauber!«

»Den Up – ups – dieses Ding da? Wozu ist es gut?«

»Es fliegt.«

»Was??«

»Es fliegt durch die Luft!« Barbe machte entsprechende Bewegungen mit den Armen.

»Oh, jetzt verstehe ich, warum Rhodh meinte, es stehe irgendwie mit Sex in Zusammenhang. Können alle eure Männer damit fliegen?«

»Nein. Kang läßt niemand anderen damit fliegen, nur noch Winston.«

Der kleine schwarzhaarige Mann mit dem flachen gelblichen Gesicht kletterte in die Maschine, und die Leute, die daran gearbeitet hatten, sprangen zur Seite.

Iroedh fragte: »Daktablak kann es fliegen?«

»Ja, er ist ein guter Flieger!«

»Dann muß er doch tapfer sein!«

»In gewisser Weise schon. Flugmaschinen, hohe Berge und wilde Tiere, damit wird er gut fertig, aber vor irgendeinem Mann, der ihn anbrüllt, kneift er. Doch was das angeht, da werde schon ich einspringen!«

»Wieso mußt du springen? Kann er nicht . . .«

Doch bevor Barbe das Mißverständnis klären konnte, sprang der Motor an, die Rotorblätter drehten sich immer schneller, und die herumgewirbelte Luft warf Staub und Sand in die Gesichter der Zuschauer.

Iroedh und Barbe wichen zurück, bis sie außer Reichweite des Sandsturms waren. Kang brachte die Maschine auf Touren und hantierte am Instrumentenbord. Die beiden sahen zu und gaben sich Mühe, die Sprachbarrieren zu überwinden. Iroedh fand Grammatik und Vokabular leicht erlernbar, nur die Aussprache machte Schwierigkeiten. Ihre Sprechwerkzeuge waren von denen der Menschen eben doch verschieden.

Sie wandte sich wieder Barbe zu. »Wie nennt ihr eigentlich unsere Welt?«

»Wir haben ihr den Namen ›Ormazd‹ gegeben, die beiden unbewohnten Planeten dieses Systems nennen wir ›Mithras‹ und ›Ahriman‹, nach den Göttern einer alten irdischen Religion.«

»Warum benützt ihr nicht unseren Namen?«

»Wie lautet er?« fragte Barbe.

»Niond.«

»Bedeutet das ›Erde‹ oder ›Boden‹?«

»Ja! Woher weißt du denn das?«

»Das ist meistens so. Benützen alle Völker denselben Namen?«

»Nein. Die Arsuuni sagen ›Sveik‹ statt Niond.«

»Da hast du es. Da können wir ebensogut einen eigenen Namen finden, statt unter den bei euch üblichen zu wählen.«

Das Pfeifen der Rotorblätter wurde höher, der Luftstrom kräftiger. Der Helikopter hob sanft ab, schwebte einen Augenblick lang und zog dann rasch hoch und verschwand in einem flachen Bogen jenseits der Hügel.

Iroedh fragte: »Wie schnell fliegt das Ding?«

»Na, vielleicht 200 Kilometer in der Stunde«, erwiderte Barbe achselzuckend. »Aber ich weiß nicht, wie das in euren Maßeinheiten aussieht. Jedenfalls zehn oder zwanzigmal so schnell wir ihr laufen könnt.«

»Kann es mehr als einen tragen?« Iroedh überlegte, wie lange es wohl bis Elham und zurück brauchen würde.

»Es hat Platz für drei, kann aber wesentlich größere Lasten heben.«

»Glaubst du, ich könnte einmal damit fahren?«

Barbe machte große Augen. »Würdest du dich denn nicht fürchten?«

»Wenn es euch Menschen tragen kann, kann es auch mich tragen. Auf alle Fälle würde es mir großen Spaß machen. Glaubst du, ich darf?«

»Da muß ich erst fragen. Es ist Kang nicht gestattet, mit uns Ausflüge nur so zum Vergnügen zu machen, wir haben schließlich nur begrenzte Treibstoffmengen mit. Aber du, als Bewohner dieser Welt, wirst vielleicht als Ausnahme gelten. Da drüben ist Lobos, unser Verwaltungsbeamter, ich werde ihn fragen!«

Iroedh, nach außen hin ruhig, doch innerlich aufs Äußerste gespannt, beobachtete, wie ihre kleine Freundin mit einem dunkelhäutigen Mann sprach und beide dann zu Subbarau gingen, der Augenzeuge der kleinen Szene gewesen war.

Dann kam Barbe zurück. »Sie sind einverstanden, vorausgesetzt, daß Kang kein Sicherheitsrisiko sieht!«

Endlich zeigte sich der Hubschrauber wieder am Himmel; erst nur ein dunkler Punkt, dann ein wirbelnder Fleck, und schließlich konnte man die Maschine selbst klar erkennen. Kang setzte auf, wo er abgehoben hatte. Als er den Motor abgestellt hatte, lief Barbe zu ihm und redete auf ihn ein. Endlich winkten sie Iroedh heran.

Kangs flaches Gesicht grinste sie einladend an. Iroedh kroch in die Maschine, setzte sich, und Kang half ihr, den Sicherheitsgurt anzulegen.

Und auf ging's! Als Iroedh sah, wie der Boden unter ihnen zurückfiel, klammerte sie sich an ihren Armstützen fest und kämpfte verzweifelt wie damals im Lift. Sie biß die Zähne fest zusammen und hoffte nur, ihr Essen im Magen zu behalten und sich auch sonst möglichst wenig anmerken zu lassen. Diese gräßlichen Fremden sollten doch keinen schlechten Eindruck von ihrer Rasse gewinnen!

»Na, gefällt's dir?« fragte Kang.

Iroedh zwang sich, die Augen aufzumachen und durch das Kuppelglas hinunterzusehen. Langsam schwand die herzbeklemmende Angst, sie sah tief unten die schimmernde Nase der *Paris*, das ganze Himmelsschiff schien kaum größer zu sein als ein *Uintakh*-Kegel. Plötzlich überkam sie die Furcht von neuem, als sie der Gedanke durchzuckte, Kang könnte sie aus der Maschine werfen – unberechenbar wie diese Terraner waren. Doch ihr Verstand sagte ihr, daß, hätten die Menschen sie umbringen wollen, sie das viel einfacher hätten tun können. Also zog sie ihre Lippen zu einem Lächeln auseinander (keinem Lächeln nach ihrer Art, sondern einem terranischen Zähnezeigen, das sie immer an ein bissiges Noag erinnerte).

»E – es gefällt mir.« Nun hatte sie sogar ein paar Worte gesagt!

Der Erdboden erschien ihr nunmehr wie ein Relief, die Menschen sich bewegende Punkte. Iroedh empfand nun keine Angst mehr. Sie sah den Gipfel des Wisgad, der in der Ferne rauchte.

In ihrem bescheidenen englischen Sprachschatz wühlend, stoppelte sie nun eine Frage zusammen: »Kann man ab – unterlassen Seil, Strick, für Mann, zum Klettern herauf?«

»Na klar! Ich kann drei oder vier zugleich heraufziehen! Das ist eine sehr starke Maschine. Eine Vought-Konstruktion, und das ist eine verdammt gute Firma!«

Stück für Stück schmiedete Iroedh einen Plan, um Antis zu retten.

Iroedh verbrachte den Nachmittag über einem Englischlehrbuch für Anfänger, das Bloch ihr durch Barbe geschickt hatte. Rhodh kam vor dem Abendessen zurück, noch übellauniger als zuvor und niemandem ein Wort gönnend. Als die Sonne unterging, schlüpfte Iroedh aus dem avtinischen Lager und wandte sich zielsicher der *Paris* zu.

Sie fand Bloch neben dem Raumschiff auf und ab gehend, ein seltsames Ding zwischen die Zähne geklemmt: Es sah aus wie ein kleiner, dünnstieliger Schöpfer, aus dem ein Rauchwölkchen stieg.

»Heil, Daktablak!« begrüßte sie ihn, »atmest du Feuer wie der Riesenwurm Igog in der Mantes-Saga?«

»Nein.« Er erklärte ihr, was Tabak war und wozu er diente.

»Hast du einen Streit mit Rhodh gehabt? Sie war heute ganz besonders mißlaunig und wütend!«

»Eigentlich nicht. Aber wir beide sind – wie soll man es nennen? – nun, wir verstehen uns ganz und gar nicht. Schon als sie letztes Mal hier war, konnte ich diese Erfahrung machen.«

»Was geschah heute?«

»Ach, verschiedenes. Zum Beispiel redete sie so schnell, daß ich beim besten Willen nicht folgen konnte, und als ich sie bat, langsam zu sprechen, war sie beleidigt. Und dann schlug sie mir einen Handel vor: Ich sollte in eurem dämlichen Krieg mitmischen, dann würde sie – so der Rat zustimmte – für uns einen Besuch bei ihrem Volk arrangieren. Hast du ihr diesbezüglich irgendwelche Andeutungen gemacht?«

»Gewiß nicht!«

»Jedenfalls wollte sie meine Zustimmung, und als ich ihr erklärte, warum das nicht möglich sei, da fuchtelte sie mit ihrem Speer vor meinem Gesicht herum und hielt mir einen Vortrag. Ich machte ihr schließlich klar, daß ich zu tun hätte. Nebenbei, sie weigerte sich, mir irgendwelche Auskünfte zu geben, wollte aber ihrerseits jede Menge von mir. Na, alles in allem, ein recht unerfreulicher Tag.«

»Ich habe gehört, du kannst die Flugmaschine bedienen.«

»Ja, das stimmt.«

»Und daß die Maschine mit Hilfe eines Seiles mehrere Menschen vom Boden hochheben kann.«

»Ja. Tatsächlich befindet sich eine aufgerollte Strickleiter in einem Behälter im Bauch der Maschine. Auf Knopfdruck öffnet sich dieser, und die Leiter fällt heraus.«

»Es wäre nicht gut für dich, wenn Kapitän Subbarau die wahre Geschichte von O'Maras Tod zu Ohren käme, nicht wahr?«

»Pst! Ich dachte, wir wollten das nicht mehr erwähnen?«

»Nicht, wenn du tust, was ich will!«

»Was soll denn das? Erpressung?«

»Wenn ihr es so nennt, ja. Ich tu's ja nicht gern, aber ich muß meinen Freund Antis retten!«

»Wer ist das? Ein Drohnenmann, nicht?«

Iroedh erzählte Bloch von Antis und fügte zum Schluß hinzu: »Und denke erst nicht daran, mich verschwinden zu lassen, denn ich habe einen Bericht geschrieben und veranlaßt, daß dieser Subbarau übergeben wird, sollte mir etwas zustoßen.«

»Heiliger Himmel! Und ich dachte, ihr Ormazdianer seid

zu primitiv und unwissend, um derlei Winkelzüge zu planen. Aber das alles ist doch nicht dein Ernst?«

»Es ist mein voller Ernst!«

Was immer auch Bloch versuchte, alle Appelle an Iroedhs Ehre, Freundschaft und so weiter – alles war erfolglos. Wann immer Iroedh weich zu werden drohte, dachte sie an Antis, der bei der nächsten Säuberung gespeert werden würde wie ein Fisch.

»Man könnte denken, du liebst diesen Antis«, meinte Bloch, »du liebst ihn in terranischem Sinne!«

»Welch ein Gedanke! Liebe zwischen Arbeiterinnen und anderen Geschöpfen hat doch nichts mit Sex zu tun!«

»Was also willst du von mir?«

»Hast du heute nacht Wache?«

»Ja, bis Mitternacht.«

»Dann sollst du mich mit dieser Flugmaschine nach Elham bringen und dort die gefangenen Drohnen befreien, mit Hilfe dieser Strickleiter. Wenn die Maschine wirklich so schnell ist, wie man mir gesagt hat, sind wir bis Mitternacht wieder zurück.«

»Wie stellst du dir das vor? Wenn sie in irgendeinem unterirdischen Gefängnis sind . . .«

»Nein, nein! Die Zelle, in der die Drohnen gefangengehalten werden, befindet sich zuoberst in der königlichen Kuppel. Außen herum ist ein Gang für die Wachmannschaft.«

»Und wie willst du von dort aus in die Zelle kommen?«

»Es gibt dort ein Fenster, durch das man sich gerade noch hindurchzwängen kann, mit einem Bronzegitter. Ich bin dort oben mit Speer und Schild oft genug auf Wache gewesen, ich kenne mich aus.«

»Da hast du's. Glaubst du, ich kann die Gitterstäbe mit meinen Zähnen durchnagen?«

»Ihr Menschen habt doch diese magischen Schneidgeräte, die Metall schneiden wie Wasser. Ich sah sie heute in Verwendung.«

»Du scheinst ja an alles zu denken. Und wie können wir

den Ort heute nacht finden? Ich kenne mich doch nicht aus!«

»Wir folgen der Küste der Scharlachsee bis zur Khinad-Klippe. Ich kenne die Küste gut.«

»Und die Wache?«

»Die kannst du mir überlassen. In einer Stunde ist es finster, und alle werden schlafen. Ich werde hier auf dich warten, und du bringst eines dieser magischen Schneidgeräte mit. Bis dahin, Daktablak!«

»Miststück!« murmelte Bloch, als sie ging.

V

Die Kuppel der Königin

Als der Hubschrauber über die Khinad-Landspitze hinwegzog, zeigte Iroedh ins Landesinnere, wo bleich die Kuppeln von Elham schimmerten, wie riesige Eier verstreut in Wald und Wiesen.

»Dort müssen wir hin!« sagte sie.

»Du bist ja enorm nachtsichtig«, meinte Bloch; »ich sehe so gut wie nichts. Vermutlich hängt das mit deinen Spaltpupillen zusammen.«

Er steuerte die Maschine in die von ihr angegebene Richtung. Nach wenigen Minuten erkannte Iroedh den Schutzwall, der die Gruppe der Kuppeln wie ein Ring umschloß.

Unter Iroedhs Anleitung ging Bloch tiefer.

»Die große Kuppel in der Mitte ist die der Königin. Siehst du den Kreis in der Spitze? Das ist der Wehrgang für die Wachen. Und der dunkle Fleck oberhalb ist das Fenster im Drohnengefängnis. Siehst du es?«

»Ja.«

»Dann laß die Leiter herunter. Ich werde hinabsteigen.«

»Tu deine Füße da weg! Dort drüben ist ein Haltegriff. Und gib bei der Landung acht, es ist windig!«

Bloch drückte auf einen Knopf. Ein Summen war zu hören, trotz des Brummens des Motors und des Pladderns der Flügel; eine Falltüre tat sich auf, ebendort wo Iroedh ihre Füße gehabt hatte. Sie neigte sich vor und sah hinaus – hinunter in den dunklen leeren Raum, in dem zwei, drei Sprossen der Strickleiter im Luftstrom schwankten.

Ein Stoßgebet an Gwyyr. Iroedh tastete mit einem Bein in die Tiefe, bis sie die erste Sprosse fühlte; dann das zweite Bein. Und dann wieder das Tasten nach der nächsten Sprosse, Gewichtsverlagerung, das andere Bein – ehe sie sich's versah, war sie unterhalb der Maschine, sie klammerte sich an die Sprossen der schwankenden Leiter, ihr Umhang flatterte und schlug in der von den Rotoren gepeitschten Luft, die Maschine rüttelte in den Windstößen.

Plötzlich ergriff sie die Angst zu stürzen. Sie klammerte sich fest und wagte nicht, hinunterzusehen oder eine Sprosse tiefer zu steigen. Als sie ihre Nerven wieder unter Kontrolle hatte, sah sie, daß die Maschine rasch tiefer sank und sich der Kuppelspitze unter einem Winkel näherte, der das untere Ende der Leiter auf den Wehrgang treffen ließ.

Nun stieg Iroedh so schnell es ging hinunter bis zur letzten Sprosse. Trotz des Lärms, den der Helikopter machte, hörte sie nun Flötenspiel, und dann eine Stimme:

»Ho! Wer da?«

Die Wache stand auf dem Gang, wenige Schritte von der Stelle entfernt, an der Iroedh landen würde, den Speer in der Hand, den Kopf mit dem schimmernden Helm zurückgeneigt. Obwohl das Sternenlicht nicht ausreichte, etwas deutlich zu sehen, wußte Iroedh, daß die Wache vor Staunen den Mund aufriß.

Obgleich sie wußte, daß es nur Sekunden waren, schien es ihr ein Jahr zu dauern, bis sie endlich eine Stellung erreicht hatte, die ihr ein Abspringen gestattete. Sie ließ los, sprang und landete geschickt in Hockestellung. Blitzschnell griff sie an den Hals, um das Band zu lösen, das ihren Umhang hielt. Weder wollte sie, daß Bloch erfuhr, daß sie O'Maras Machete besaß, noch wollte sie all ihren anderen Untaten einen Mord an einer ihres Volkes hinzufügen, also mußte sie die Wache im *rumdrekh* überwältigen: Der vorstoßende Speer wurde mit dem Umhang abgefangen, aus der Hand des Gegners gerissen, der Umhang wurde fallengelassen, der Speer umgedreht und normal verwendet.

»Wer dort?« schrie die Wache im Heulen des Windes.

Als Iroedh lautlos auf die Füße kam, den Mantel in den Händen, sah sie die Speerhand der Gegnerin sich heben und nach hinten bewegen, um Kraft für den Stoß zu gewinnen.

Dann schoß der Speer auf sie zu, und blitzschnell schlang sie den Umhang darum; sie spürte die Spitze durch die Falten. Sie versuchte mit dem nötigen Dreh und Ruck der Wache den Speer zu entreißen, schon griff sie mit der freien Hand nach dem Schaft . . .

Aber diese Wache war kein Anfänger, und außerdem eine der stärksten Arbeiterinnen aus Elham. Entsetzt fühlte Iroedh, wie ihr Umhang samt Speer entrissen wurde, als die Wache zurücksprang. Ein weiterer Ruck mit dem Speer, und ihr Umhang flatterte im Wind davon. Die Wache sprang wieder vor, ihre polierten Beinschienen schimmerten im Sternenlicht, ihr Atem holte zu einem neuen Stoß aus. Dieser würde treffen.

Theoretisch hatte eine so angegriffene Arbeiterin nur noch eine winzige Chance: sie konnte versuchen, den Speerschaft zu fassen und ihn dem Angreifer zu entreißen. Iroedh, die nun nichts mehr weiter besaß als das magische Schneidgerät, das sie umgeschnallt trug, kannte natürlich diese Möglichkeit. Doch sie fühlte, daß sie ihr Glück verlassen hatte. In der Praxis war es doch so: packte man den Speer zu früh, zerschnitt man sich die Finger an seiner Spitze, griff man zu spät, war man bereits getroffen.

Ein letzter Gedanke durchzuckte sie: Einem Toten tut nichts mehr weh. Sie hatte ihr Ziel verfehlt, Antis würde sterben, und ein Leben ohne ihn wäre kein Leben mehr. Als der Speer auf sie schoß, taumelte sie zurück, die Augen geschlossen in Erwartung des Todes.

Doch kein Speer traf sie; als sie die Augen öffnete, sah sie, wie die Wache den Speer fallen ließ und, von Entsetzen gepackt, zum Abstieg floh. Mit brüllenden Motoren schwebte der Helikopter über ihnen, der Luftwirbel fegte sie fast über den Rand des Wehrgangs in die Tiefe.

Gwyyr mußte ihr Gebet erhört haben; der gute Bloch, Segen über ihn, hatte die Maschine in enger Kreisbahn über die Kuppel gezogen und war über die Kämpfenden mit Sturm und Motorengebrüll hinweggeflogen.

Klirrend polterte der Schild der Wächterin auf die Steine; ein prächtiger, überaus dekorativer Schild, eigens für die Wachen angefertigt und viel zu schwer, um in der Schlacht brauchbar zu sein. Die Wächterin erreichte den Abstieg und sauste in panischer Angst die Wendeltreppe hinab.

»Tempo! Tempo!« rief Bloch vom Hubschrauber herunter. Iroedh lief so schnell sie konnte den Wehrgang entlang und suchte nach dem Fenster, während ihre Hand nach dem Schneidgerät tastete. Im Lärm des Hubschraubers und der die Stufen hinunterrasselnden Wache waren ihre Schritte nicht zu hören.

Da war auch das Fenster in der Drohnenzelle. »Antis!« rief sie.

»Um Dhiis willen, das bist doch nicht du, Iroedh!« sagte die vertraute Stimme. »Was ist denn los, wie kommst du hierher? Ich dachte, du bist in Gliid!«

»Keine Zeit für Erklärungen! Seid ihr fluchtbereit?«

»Jederzeit! Aber wie?«

»Überlaßt das nur mir. Weg vom Fenster!«

Mittlerweile hatte Iroedh das Schneidgerät in der Hand und tastete nach dem Einschaltknopf. Da! Ein Druck, und schon erschien am unteren Ende des Gerätes ein dünner Lichtstrahl. Sie richtete ihn auf das obere Ende eines der Gitterstäbe. Eine Funkengarbe stob knisternd aus dem Metall, und schon war es durchschnitten – so als wäre der Stab aus *Tarhail*brei.

Bloch hatte sie gewarnt, nicht den Strahl auf sich selbst zu richten, das ›elektronische Messer‹, wie er es nannte, würde auch sie in Stücke schneiden.

Unten hörte sie die Alarmrufe der Wächterin. *Zzing!* Der nächste Stab, dann der dritte. Nun die unteren Enden: *Zzing, zzing, zzing!* Die Stäbe fielen nach innen, klirrend schlugen sie auf den Zellenboden; nur der dritte fiel mit dumpfem Klang zu Boden, und Iroedh hörte einen Drohnenmann fluchen: ». . . das verdammte Ding! Ausgerechnet auf meine Zehen!«

Sie steckte das Schneidgerät in sein Futteral. »Los! Könnt ihr nicht heraus?«

»Werden's versuchen«, sagte Antis' Stimme, »wir werden uns gegenseitig helfen.«

Unter Ächzen und Grunzen erschienen Antis' Kopf und Schultern in der schmalen Öffnung.

»Reich mir die Hand, meine Schöne!« sagte er.

Iroedh zog, und kopfüber purzelte er auf den Gang. Er hatte sich kaum aufgerichtet, da kam schon Kutunas, der von den beiden nun ebenfalls herausgezogen wurde.

Unten im Hof erklang Waffengeklirr, und eine aufgeregte Stimme brüllte.

Jede Minute konnte ein Trupp der Wächter den Wehrgang stürmen.

Kutunas und Antis langten nun durch das Fenster in das Dunkel der Zelle hinab, packten Dyos an den Händen und zogen ihn hoch. Halb aus dem Fenster hängend blieb er stekken.

»Diese Gitterstäbe schlitzen mir den Bauch auf!« jammerte er.

»Sollen wir ihn hierlassen?« Iroedh kümmerte Dyos' Schicksal nur wenig, Hauptsache, Antis war gerettet.

»Nein«, erwiderte Antis. »Weißt du, wir Drohnen müssen zusammenhalten. Dyos, zieh den Bauch ein, stemm dich hoch, und du, Kutunas, unterstütze ihn!«

»Ich hab' ihm noch gesagt, er soll sich nicht so anfressen«, grunzte Kutunas. »Fertig?«

Gemeinsam zogen sie Dyos aus dem Fenster wie einen Zahn aus dem Maul eines Riesen.

»Oweh, oweh«, jammerte Dyos und rieb seine malträtierten Körperteile. »Oh! Tagelang werd' ich nicht sitzen können!«

Von unten hörte man das Stampfen des Sturmtrupps, die klirrenden Waffen und die Stimme eines Offiziers: »Eine nach der anderen, die Speere stoßbereit . . .«

»Daktablak!« schrie Iroedh in die Nacht hinaus.

»Hier!« Blochs Stimme antwortete, und der Hubschrauber senkte sich herab.

Dyos fuhr entsetzt zurück und machte Anstalten, wegzulaufen. Antis rief: »Was in Tiwinos Namen ist denn das!«

»Egal, nur weg! Ich klettere die Strickleiter hier hoch, dann folgst du, dann die anderen. Ihr drei bleibt aber auf der Leiter, haltet euch nur fest, die Maschine wird euch über den Wall tragen und draußen wieder absetzen!«

»Ich hab' Angst!« zeterte Dyos.

»Dann bleib da und laß dich abschlachten!« fauchte ihn Iroedh an. Sie ergriff die schwingende Leiter und kletterte hoch so rasch sie konnte.

Durch all den Motorenlärm und das Heulen des Windes hörte sie das Klirren der Wachen; Iroedh, schon hoch oben auf der Leiter, sah sie die Stiegen heraufstampfen, die Speere kampfbereit gezückt. Unter ihr kletterte Antis, unter ihm die anderen beiden. Sie erreichte die Kabine, zog sich durch die Luke und schwang sich auf den Sitz. Sie war zu aufgeregt, um Furcht zu empfinden.

»Los!« rief sie Bloch zu.

Bloch hantierte mit den Hebeln und Knöpfen, und der Hubschrauber stieg steil in die Höhe. Das Geschrei der Wachen tönte herauf, sie hatten eben die Stelle erreicht, an der Dyos noch einen Augenblick zuvor gestanden hatte. Sie schleuderten ihre Speere nach ihm, doch er war schon zu hoch; klirrend fielen diese auf den Wehrgang zurück und schepperten über das Kuppeldach in die Tiefe.

Als sich Iroedh an ihrem Sitz angeschnallt hatte, schob Antis seinen Oberkörper durch die Falltüre.

»Was jetzt?«

Sie antwortete: »Wir werden euch im *Tarhail*feld außerhalb des Walls absetzen. Trachtet den Wald nördlich davon zu erreichen, dann habt ihr Deckung, fast den ganzen Weg bis zu den Lhanwaed-Hügeln. Beobachte die Straße von Thidhem: wenn ich von Gliid zurückkomme, treffen wir uns in Khinam. Ich werde einen solchen Ton ausstoßen . . .«

Sie pfiff eine Zeile aus dem Refrain des Geyliad-Liedes.

»Wie machst du das?« fragte er.

»Ich bring's dir bei, sobald wir Zeit haben. Wir sind schon jenseits des Walls, macht euch bereit!«

Als der Hubschrauber auf das Feld hinuntersank, rief Antis Kutunas unter ihm etwas zu. Einen Atemzug lang dachte Iroedh an das von den dreien zertrampelte reife Getreide. Was würde der zuständige Offizier dazu sagen?

Dyos sprang ab, blieb jedoch stehen, wo er war, so daß Kutunas auf ihm landete und beide in den Schmutz rollten. Antis landete sicher auf den Füßen und sprintete los, dem Waldrand zu, den anderen beiden zurufend, ihm zu folgen. Er winkte nach oben: »Leb wohl, meine Schöne!«

»Und jetzt«, sagte Iroedh aufatmend, »jetzt fahr mich heim!« Doch dann zuckte sie zusammen: »Oh, *prutha!*«

»Was ist los?«

»Mein Umhang! Ich habe ihn auf der Kuppel verloren, und die Wachen werden ihn sicherlich finden!«

»Na und? Ist denn dein Name darin?«

»Nein, obgleich ich ihn jederzeit an den gestopften Stellen erkennen würde. Aber wenn ich ohne ihn zum Lager zurückkehre, und es sich herumspricht, daß einer in der Nähe der Drohnenzelle gefunden wurde, den niemand für sich beansprucht . . . nun, dann wird schon jemand so schlau sein und zwei und zwei zusammenzählen. Trotzdem dürfen wir nicht umkehren, das hieße, unser Glück allzusehr zu beanspruchen!«

»Erzähle ihnen doch, daß du ihn Barbe gegeben hast – als Gegengabe. Ich werde ihr sagen, sie soll dir etwas von ihren persönlichen Sachen schenken.«

Rhodh fragte: »Iroedh, weißt du etwas über die nächtlichen Vorkommnisse bei den Menschen? Ich bin sicher, ich habe den Hubschrauber gehört!«

Iroedh, die gerade ihre Zwiebackration zusammenpackte, erwiderte: »Ich habe nicht die leiseste Ahnung, Führerin!«

»Nun, mir gefällt das alles hier gar nicht. Heute bleibt ihr alle im Lager, ich möchte nicht, daß ihr mit diesen unmoralischen und gefährlichen Fremden zusammenkommt!«

Iroedh und die drei Junioren wechselten Blicke. Rhodh hatte Schurz und Küraß angelegt, sie stülpte sich den Helm über, nahm den Speer auf und marschierte los, zur *Paris* hinüber.

Iroedh hatte sich gerade wieder ihrer Hausarbeit zugewandt, als sie sah, daß Barbe Dulac auf sie zu kam. Der weibliche Mensch hielt eine goldglänzende Dose in der Hand und sagte so laut und deutlich, daß es alle hören konnten: »Ah, hier bist du, liebe Iroedh! Und nochmals vielen Dank für den hübschen Umhang.«

»Was ist denn das?« fragte Vardh.

»Oh«, erwiderte Barbe, »Iroedh und ich tauschen Geschenke aus, Erzeugnisse unserer Welten.«

»Dieses kleine Ding für einen Umhang?« fragte Iinoedh verwundert. »Wozu ist es denn *nütze*?«

»Wir terranischen Frauen verwenden cs, um uns schönzumachen«, erwiderte Barbe.

»Wie denn?« wollte Avpandh wissen.

Barbe machte die Dose auf. »Da ist zunächst ein – wie sagt ihr zu Spiegel?«

Nachdem dieses Problem geklärt war, drängten sich die Avtini um sie und bestaunten ihre Spiegelbilder. Obgleich Iroedh den Gebrauch eines Spiegels aus poliertem Messing kannte (die Königin benutzte einen solchen, um sich für den Besuch der Drohnen vorzubereiten), war sie überrascht, wie naturgetreu dieses Bild war. Es kam ihr vor, als sähe sie durch ein kleines Fenster in eine andere Welt.

»Und dann das hier«, Barbe zog eine kleine pelzige Scheibe heraus. »Wir nennen es Puderquaste. Bei uns hält man eine glänzende Nase für häßlich. Halt mal still, Iroedh!«

Barbe nahm das pelzige Ding und tupfte damit auf Iroedhs Nase. Iroedh, die etwas Puder eingeatmet hatte, mußte niesen. Barbe fuhr fort: »Nun der Lippenstift. Mach den Mund ein wenig auf, so! Du brauchtest natürlich einen dunkleren Ton, da deine Haut ja fast schon die Farbe des Stiftes hat.«

Barbe trat zurück und betrachtete ihr Werk. Die drei Junioren staunten Iroedh an und konnten ihr Vergnügen nicht verhehlen. Barbe hob bei den sonderbaren Tönen, die sie ausstießen, überrascht den Kopf. »Was ist das? Klingt ja wie der Ruf einer Eule, das ist ein Tier bei uns auf der Erde.«

Die jungen Avtini erklärten ihr, daß dieser Ton ihr Lachen sei; und Vardh fragte: »Wozu ist das gut, dieses Gesichtanmalen? Ist es die Vorbereitung auf eine Zeremonie?«

»Man könnte es so nennen«, erwiderte Barbe nachdenklich. »Man geht so auf Männerjagd!«

»Ach, so wie wir die überschüssigen Drohnen jagen, die dann bei den Säuberungen getötet werden!«

»O nein! Bei uns ist das eine für beide Seiten sehr angenehme Sache.«

Als die Junioren sich wieder über ihre Arbeiten gemacht hatten, sagte Barbe leise: »Winston hat mir alles erzählt; weißt du, Iroedh, das war gar nicht nett von dir!«

»Ich weiß, aber was hätte ich sonst tun können? Ist er noch immer böse auf mich?«

»Erst war er sehr ärgerlich, schließlich mußte er sein Leben auf's Spiel setzen um einer Sache willen, die nicht die seine war. Aber ich dachte mir, ich hätte wahrscheinlich ebenso gehandelt, wenn er in Gefangenschaft wäre. Eigentlich hätte er genügend Sinn für Romantik haben sollen, um euch beiden zu helfen, ganz ohne Erpressung. Ich sagte ihm, er sei ein herzloser Hasenfuß, der nichts anderes im Sinn hat als seine wissenschaftlichen Berichte und die gute Meinung seiner Vorgesetzten in der Regierung. Jetzt ist er ganz klein.«

»Was bedeutet ›Romantik‹ und ›Gefühl‹? Hat das etwas mit eurer terranischen Form der Liebe zu tun?«

»Großteils, ja. Man kann das schwer erklären – aber ich weiß etwas. Kannst du englisch lesen?«

»Ein bißchen. Ich weiß, für welche Laute die verschiedenen Buchstaben stehen, und ich kann den Sinn herausbekommen, wenn's einfach ist.«

»Nur gut, daß man vor einigen Jahren die Schreibweise geändert hat, früher war die Orthographie so, daß du rein gar nichts damit hättest anfangen können. Worauf ich hinauswill, ist, daß ich dir ein Buch geben will, das ich von der Erde mitgebracht habe.«

»Wie lieb von dir!« rief Iroedh begeistert.

»Nicht der Rede wert, ich hab's ausgelesen. Außerdem sind Bücher auf dem Schiff nicht gerne gesehen, aus Gewichtsgründen. Die Bibliothek besteht aus Karten mit Texten in so winzigem Druck, daß man, um sie zu lesen, eine Vergrößerungsmaschine braucht. Aber da ich gerne im Bett lese, und das mit dieser Maschine nicht geht, habe ich mir ein richtiges Buch mitgenommen.«

»Was steht in diesem Buch?«

»Nichts Wissenschaftliches, aber du kannst daraus erfahren, was Romantik und Gefühl bedeutet.«

»Und wie ist der Titel des Buches?«

»*A Girl of the Limberlost*, von einem amerikanischen Schriftsteller namens Porter. Es wurde vor vielen Jahrhunderten geschrieben und ist aus irgendwelchen Gründen kürzlich wieder aufgelegt worden. Ich entdeckte zufällig ein gebrauchtes Exemplar in einem Buchladen in Genf. Es ist die sentimentalste Geschichte, die ich je gelesen habe, und deshalb glaube ich, sie wird dir gefallen.«

Als Rhodh am späteren Nachmittag zurückkehrte, warf sie nur einen Blick auf die anderen und schrie: »Was in Eunmars Namen habt ihr mit euren Gesichtern angestellt?«

Als Vardh eine Erklärung stammelte, ereiferte sich Rhodh: »Genug davon! Geht und wascht euch! Ich sehe schon, man kann euch keine Minute allein in der Nähe dieser Menschen lassen, sie korrumpieren euch ja völlig! Wir werden sofort nach Elham aufbrechen!«

»Was?« rief Iroedh. »Wir sind doch noch nicht mit den Menschen fertig – und sie nicht mit uns . . .«

»Wir sind sehr wohl mit ihnen fertig. Ich habe heute morgen noch einmal mit ihnen gesprochen, sie denken gar nicht daran, uns zu helfen.«

»Aber sie wollen noch so vieles über unsere Welt erfahren . . .«

»Und wozu das? Damit sie uns leichter unterwerfen können? Du warst schon immer eine leichtgläubige Närrin, Iroedh. Wie dem auch sei, sollen sie von einem anderen Volk lernen. Und wir werden dringend daheim gebraucht, schließlich steht der Krieg mit Tvaarm vor der Tür. Brecht das Lager ab und rüstet zum Aufbruch!«

Iroedh machte sich an die Arbeit, ebenso die anderen. Bald waren die Uegs angeschirrt, und in einer knappen Stunde war alles aufbruchbereit.

»Los!« Rhodh knallte mit der Peitsche, und der Zug setzte sich in Bewegung, die Uegs zogen an, die Deichseln mit ihren großen, schwieligen Händen umklammernd.

Doch als sie die Hauptstraße durch das Gliid-Tal erreicht hatten, lenkte Iroedh ihren Wagen nach rechts, auf die *Paris* zu, anstatt nach links, gegen Thidhem.

»He!« schrie Rhodh, »du nimmst die falsche Richtung!«

Iroedh rief zurück: »Nein, ich muß noch mit einem der Menschen reden, fahrt nur weiter, ich hole euch schon ein!«

»Nichts da«, kreischte Rhodh. »Komm sofort zurück!«

Aber Iroedh tat, als hätte sie nichts gehört.

Eine Viertelstunde später hatte sie das Ende des kleinen Zuges wieder erreicht, zufrieden mit dem Erreichten: das kleine Buch von der Erde lag wohlverwahrt unten im Wagenkasten, zusammen mit O'Maras Machete. Rhodh, die den Zug anführte, hielt den Kopf starr geradeaus und tat, als hätte sie Iroedhs Anwesenheit nicht bemerkt.

Als in der Ebene die Straße breiter wurde, lenkte Vardh ihren Wagen neben den Iroedhs und sagte: »Weißt du, Liebste, ich glaube gar nicht, daß sie wegen des Verhaltens der Menschen zum Aufbruch getrieben hat. Wir hätten vielleicht in ein paar Tagen noch etwas erreichen können.«

»Weswegen dann?«

»Sie weiß, daß sie zu viele Fehler gemacht hat und die Menschen sie nicht mögen. Sie kann das aber auch nicht zugeben und dich wieder mit den Verhandlungen beauftragen, denn falls du Erfolg hättest, wäre sie die Blamierte!«

Iroedh erwiderte: »Ich habe gelernt, stets das Wohl des Volkes vor mein eigenes zu setzen. Ich mochte Rhodh, ebenso wie jede andere Arbeiterin, und sie war ebenso nett, doch jetzt ist sie vom Ehrgeiz besessen.«

»Nicht wahr? Man sagt, sie will bei den nächsten Wahlen gegen den Außenminister kandidieren. Warum bewirbst du dich nicht um ihren Posten? Wir würden alle für dich stimmen!«

»Bei Gwyyr, welch eine Idee! Die Ratsmitglieder müssen geschäftige Allerweltsleute sein, bereit, überall mitzumischen, nicht solche unpraktische, altmodische Tagträumer wie ich!«

Es hatte den ganzen Tag geregnet, als die fünf Abgesandten wieder in Elham eintrafen. Iroedh hatte ihr Ueg in den Stall gebracht und ging in ihr Quartier. Auf dem Weg dorthin, im gemeinsamen Aufenthaltsraum, traf sie einige Freunde und fragte sogleich, ob Tvaarm bereits mit der erwarteten Invasion begonnen hätte.

»Noch nicht«, antwortete Tydh, die nun, nach einer Nachtwache, ihren freien Tag hatte. »Aber das Warten ist ebenso nervenaufreibend!«

»Wieso das?«

»Hast du denn nicht von den verschwundenen Drohnen gehört? Ach, natürlich nicht, du warst ja weg. In der Nacht ist ein großes schwarzes Ding durch die Luft gekommen, hat auf dem Dach der königlichen Kuppel das Gitter des Zellenfensters weggerissen und die Gefangenen weggeholt. Die diensthabende Wächterin erzählte, wie sie das Ungeheuer mit dem Speer angriff, dieses sie aber mit einem Fußtritt die Stiege hinunterbeförderte.«

Iroedh stellte befriedigt fest, daß in dem Bericht von menschlicher Mitwirkung keine Rede war; verständlich, daß die arme Wächterin nicht von ihrer Flucht gesprochen hatte.

»Das Sonderbarste aber war, daß man auf dem Kuppeldach den Umhang einer avtinischen Arbeiterin gefunden hat. Die Wachen, die den Wehrgang stürmten, gerade als das Monster wegflog, schworen, sie hätten keinen Umhang getragen und die Drohnen in der Zelle hatten überhaupt keine Kleider an. Niemand kann sich das erklären.«

Iroedh spürte ihr Herz bis zum Hals schlagen.

Tydh fuhr fort: »Es war, wie es in den alten Legenden geschildert wird, als die Götter Tiwinos und Dhiis auf Niond herabkamen, um Unrecht zu rächen und Tote zum Leben zu erwecken. Tatsächlich scheinen die alten Religionen wieder Anhänger gefunden zu haben.«

»Klingt unsinnig. Was sagt denn der Rat dazu?«

»Ach, man sagt uns bloß, wir sollten nicht abergläubisch sein. Aber etwas anderes: Der Rat hat das Königinnen-Duell für heute in fünf Tagen festgesetzt!«

»Tatsächlich?«

»Ja. Wenn du wetten willst, ich setze drei zu eins für Estir. Eiudh versucht, eine Mission nach Ledhwid zusammenzubringen, um vom Orakel den Ausgang des Duells zu erfahren, Gruvadh studiert alle prophetischen Sprüche, um einen zu finden, der auf unseren Fall paßt, und Ythid verbringt all ihre Freizeit auf den Kuppeln, um aus den Flugbahnen von Samen und Laub ein Omen herauszulesen!«

»Und wie verhält sich Intar?«

»Sie ist wütend. Sie sagt, es handle sich um eine Verschwörung gegen sie, und wenn ihre Fruchtbarkeit zurückgegangen ist, so sei nur die schlechte Qualität der Drohnenmänner schuld, die ihr der Rat zugeteilt hat.«

Iroedh spürte Kälte in sich aufsteigen. Es mußte doch einen Weg geben, um den Besitz der Machete und die bevorstehende Machtübernahme durch Estir zu ihren eigenen Gunsten auszunützen, aber sie konnte ihn nicht finden. Dabei wäre es so wichtig, rasch zu handeln, denn wenn Rhodh von dem herrenlosen Umhang erfuhr, würde sie sich vielleicht an den Helikopterflug erinnern, damals in der Nacht, als die Drohnen verschwanden; die Schlüsse lagen dann wohl auf der Hand.

Tydh fragte: »Hast du Lust auf eine Partie Uintakh?«

»Nein danke. Die Terraner liehen mir ein Buch, und ich bin schon sehr neugierig darauf.«

Iroedh entschuldigte sich und ging in ihr Quartier, um das Buch zu holen. Da sie nun bis zum kommenden Morgen arbeitsfrei war, machte sie es sich im Gemeinschaftsraum bequem, um zu lesen. Die Aufforderungen ihrer Freundinnen, bei den Rundtänzen mitzumachen, die bei der kommenden Konferenz der Königinnen aufgeführt werden sollten, lehnte sie ab.

Das Buch jedoch war für sie ungemein schwierig zu lesen, trotz ihres Sprachentalents, für das sie im Volk allgemein bekannt war; ihr Englisch war doch nicht so gut, wie sie geglaubt hatte. Viele unbekannte Wörter erriet sie aus dem Zusammenhang, oder sie behalf sich mit dem Lehrbuch, das ihr Bloch gegeben hatte, doch manches blieb einfach unverständlich, weil ihr die Begriffe fremd waren. Immerhin konnte sie dem Verlauf der Geschichte in großen Zügen folgen, wenn sie die Fremdheit von Kultur und Gebräuchen in Betracht zog.

Völlig gefangengenommen von den Abenteuern, die Elnora Comstock zu bestehen hatte, wurde sie von einer Stimme aufgeschreckt: »Iroedh, Liebste!«

Sie blickte auf und sah die Ackerbaubeauftragte vor sich stehen.

»Schlechte Nachrichten für dich«, sagte diese.

Iroedhs Herz stand einen Moment lang still. Hatte man ihre Mitschuld am Verschwinden der Drohnen schon entdeckt? Sie war wie gelähmt.

Die Ackerbaubeauftragte berichtete: »Rhodh hat unmittelbar nach ihrer Ankunft dem Rat Bericht erstattet. Na, du kennst sie ja. Sie machte viel her mit den Schwierigkeiten, unter denen sie zu arbeiten hatte, der Unfreundlichkeit der Menschen, und der Unfähigkeit und Insubordination der Junioren – insbesondere einer gewissen Iroedh. Sie forderte tatsächlich eine Herabsetzung deiner Leistungseinstufung.

Wir wissen natürlich, wie ehrgeizig Rhodh ist und wie begierig darauf, Außenminister zu werden, so daß ihr jedes Mittel recht ist, ihr Versagen bei den Menschen zu bemänteln. Zumindest ich weiß das alles, konnte aber den Rat nicht überzeugen. Offenbar hat sie hochgestellte Freunde, und man muß wohl auch berücksichtigen, daß sie sich wirklich aufreibt, um dem Wohl des Volkes zu dienen. Wie dem auch sei, man gab ihr schließlich recht und setzte deine Einstufung um fünf Punkte herab. Tut mir leid, Iroedh!«

Iroedh hatte Mühe, ihre Erleichterung nicht zu zeigen. *Das* also war alles! Normalerweise hätte sie so eine ungerechte Behandlung wütend gemacht, doch jetzt atmete sie nur auf.

»Ich hab' Schlimmeres überlebt«, sagte sie. »Immerhin danke ich dir für alles, was du getan hast.«

Müde des Lesens ging sie in ihre Zelle zurück, um die nächsten Schritte zu planen. Sie hätte Antis gerne gesehen und ihm die Machete gezeigt, die sie unter ihrem Strohsack verborgen hatte. Es war ihr gelungen, die Machete, in ihr Netz gewickelt, in den Wohnbau zu schmuggeln, doch wenn sie nun versuchte, sie auf die gleiche Weise wieder hinauszubringen, mochte sich jemand wundern, wieso sie die Nacht im Freien zubringen wollte; diesen Eindruck mußte sie erwecken, wenn sie das Schlafnetz mitnahm. Was sie also am nötigsten brauchte, war ein neuer Umhang.

Sie füllte einen Bezugsschein für einen neuen Umhang aus und begab sich mit diesem und der Puderdose, die sie von Barbe Dulac bekommen hatte, zu den Gemächern der Königin. Da noch nicht Legezeit war, hatte sie keine Schwierigkeiten, vorgelassen zu werden. Sie zeigte die Dose der Königin und erklärte deren Gebrauch.

»Das ist für mich?« fragte Intar erfreut. »Liebe Iroedh, vielen Dank! Weißt du, du bist die einzige, die daran gedacht hat, mir aus Gliid ein Geschenk mitzubringen.«

»Nicht der Rede wert, Königin. Doch wäre da noch eine Kleinigkeit – ich habe nämlich meinen Mantel im Tausch gegen diese Dose gegeben, und da würde ich dich bitten, diesen Bezugsschein zu unterschreiben, damit ich mir einen neuen besorgen kann.«

»Aber natürlich!« Königin Intar kritzelte ihre Initialen unten auf das Blatt und gab es Iroedh zurück. »Es ist zwar niemand an meiner Meinung in diesen Belangen interessiert, meine Liebe, aber ich muß dir doch sagen, daß ich es beschämend finde, daß der Rat Rhodh recht gegeben und dich verurteilt hat.«

Iroedh ging mit ihrem Bezugsschein ins Lager und besorgte sich einen neuen Umhang; in der Messe ließ sie sich ein Proviantpaket geben, und kurz vor Sonnenuntergang machte sie sich zu Fuß auf den Weg nach Khinam. Die Machete hatte sie in ihren Umhang gewickelt, den sie unter dem Arm trug.

In dem Teil der Ruinen, wo sie so oft gemeinsam mit Antis ihr Picknick gehalten hatte, ließ sie sich nieder. Sie packte ihr Essen aus und pfiff das Geyliad-Lied.

»Hier sind wir, meine Schöne!« rief Antis vergnügt und sprang über eine halb verfallene Mauer.

Einen Augenblick später lagen sich die beiden in den Armen und drückten sich; dann sahen sie einander an. Iroedh bemerkte, daß Antis Gewicht verloren hatte und seine Wangen eingefallen waren. Er trug die Stiefel und den Umhang einer avtinischen Arbeiterin.

»Woher hast du diese Sachen?« fragte sie.

»Stell keine Fragen, dann hörst du keine Lügen. Du hast nicht vielleicht zufällig ein bißchen *Fleisch* mitgebracht?«

»Nein. Ich dachte zwar daran, aber wenn ich in der Messe

nach Fleisch gefragt hätte, hätte man sich sehr gewundert, wofür ich es brauche.«

»Vermutlich hast du recht«, erwiderte Antis ohne Begeisterung. »Was gäbe ich für ein hübsches, saftiges Leipag-Steak!«

»Habt ihr denn seit der Befreiung nichts gegessen?«

»So gut wie nichts. Du darfst nicht vergessen, du hast uns in diesem Feld splitternackt wie Frischgeschlüpfte zurückgelassen, wir besaßen nicht einmal Stiefel. Meine Füße sind ja etwas abgehärtet von unseren gemeinsamen Ausflügen, aber Kutanas und Dyos hatten eine böse Zeit!«

»Könntet ihr euch nicht Pfeil und Bogen machen und auf Jagd nach Fleisch gehen?«

»Womit? Man brauchte irgendein Werkzeug. Ich habe Kutanas im Wald zurückgelassen; er versucht, mit einem scharfen Stein ein Bäumchen umzuschneiden, das wir als Speer verwenden könnten, doch bei dem Tempo sind wir Greise, bevor er fertig ist. Wir haben auch versucht, in den Leipag-Pferch einzudringen, um eines zu stehlen, aber ohne Erfolg, er war zu gut bewacht. Gestern gelang es mir, eine Hudig mit der bloßen Hand zu fangen, aber das gab für jeden nur einen Bissen.«

»Arme Burschen! Nehmt dann wenigstens das«, sagte sie und reichte ihm ihr Messer. »Damit könnt ihr euch zumindest Bogen und Speere zurechtschneiden.«

»Danke. Die Jagdgründe sind schlecht hier, weil die Arbeiterinnen von Elham und Thidhem fast alles Wild getötet oder vertrieben haben, schon damit Abtrünnige wie wir nichts zu essen finden außer Dhwygs und derlei Kleinzeug.« Hungrig sah er Iroedh zu, die Zwieback und Gemüse futterte. »Ich würde sogar dieses schauerliche Zeug essen, müßte ich nicht fürchten, mich damit zu vergiften.«

»Würdet ihr ins Volk zurückkehren wollen?«

»Ja, vorausgesetzt, wir werden nicht bei der nächsten Säuberungsaktion umgebracht. Ich fürchte, wir sind Versager als Abtrünnige; dieses Leben in der Wildnis ist nichts für uns. Ich vermisse mein Essen, ich vermisse dich, und ich vermisse meine eigentliche Aufgabe.«

Iroedh rümpfte ihre Nase um anzudeuten, wie wenig Verständnis sie seinen Wünschen entgegenbrachte. Sie sagte: »Ich habe etwas mitgebracht, das ich dir zeigen will; und ich habe auch einen Plan, der es euch ermöglichen sollte, zu euren Bedingungen zurückkehren zu können.«

Sie wickelte die Machete aus dem Umhang und zog sie aus der Scheide. Verdutzt betrachtete Antis das Ding. Er nahm es in die Hand und, mit einem plötzlichen Aufblitzen in seinen Augen, hob er es und schlug zu.

»Das ist eine Sache!« schrie er, »hast du es von den Menschen?«

»Ja. Sie nennen es Matselh oder so.« Sie erzählte ihm die Geschichte von O'Maras Tod, und wie sie zu seiner Machete gekommen war. »Aber ich kann dir das nicht geben.«

»Warum denn nicht? Ich kenne da einen alten Abtrünnigen in den Lhanwaed-Hügeln, der das Schmiedehandwerk erlernt hat; er könnte nach diesem Muster viele solche Dinger machen . . .«

»Ich habe eine bessere Idee. Wußtest du, daß das Königinnen-Duell in fünf Tagen stattfindet?«

»Nein. Was ist damit?«

»Wenn ich dieses Ding Estir gebe als sicheres Mittel, den Sieg zu erringen, unter der Bedingung, daß sie euch verzeiht und ihren Einfluß im Rat dazu benützt, euch drei auf Dauer von den Säuberungen auszunehmen, dann könntet ihr zurückkommen.«

»Nun ja, hoffentlich. Die Idee ist bestrickend – aber wie gut kennst du eigentlich Estir?«

»So gut wie gar nicht; ich hab' sie nur ein paarmal bei gesellschaftlichen Anlässen getroffen. Man sagt, sie sei ein Hitzkopf.«

»Und du traust ihr?«

»Eine Prinzessin würde doch nicht lügen!«

»Na, hoffen wir das Beste. Mir wäre noch immer lieber, du

würdest dieses Ding da mir geben. Es verhilft einem zu mehr Selbstvertrauen und läßt einem Schicksalsschlägen weniger hilflos gegenüberstehen.«

»Du würdest sehen, daß es für die Jagd nicht viel taugt. Ihr braucht ein paar starke Bogen und Speere. Vielleicht ergibt sich die Gelegenheit für euch, welche zu stehlen.«

VI

Das Duell der Königinnen

Der Kuppelbau, in dem Prinzessin Estir von Elham hauste, war schwer bewacht, um Mordversuchen, die die Königin möglicherweise planen würde, von vornherein jede Chance zu nehmen.

Ein von der Ackerbaubeauftragten ausgestellter Passierschein verhalf Iroedh zu einer Audienz.

»Viele Eier, Prinzessin«, sagte sie. »Darf ich fragen, wie du deine Aussichten im Duell beurteilst?«

Hoch aufgerichtet, auf den Fußspitzen wippend wie vor einem Speerwurf, stand Estir vor ihr. Sie war schlank und wendig wie eine Arbeiterin, hatte aber voll entwickelte Brüste.

»Ich weiß nicht«, sagte sie schläfrig; ihre gedehnte Sprechweise erinnerte an die affektierte Rede der Arsuuni. »Jedenfalls sind meine Chancen besser, ich bin in guter Form, und meine Omen sind günstig. Aber natürlich spielt auch das Glück eine Rolle.«

»Vielleicht könnte ich dir den Sieg garantieren.«

Überrascht sah Estir auf, ihre Spaltpupillen erweiterten sich. »Das könntest du?«

»Vielleicht.«

»Ah, du willst etwas dafür, ja?«

»Richtig.«

»Dann sag's!«

»Du kennst die drei verschwundenen Drohnen?«

»Wer kennt sie nicht? Was ist mit ihnen?«

»Sie würden gerne zum Volk zurückkehren.«

»So? Nun, wenn es ihnen nichts ausmacht, auf unsere Speere gespießt zu werden, dann nur zu! Wir hätten sie gerne zurück.«

»Aber Prinzessin, das ist's ja. Sie wollen Pardon und auf

alle Zeiten von den Säuberungsaktionen ausgenommen sein.«

»Woher weißt du das? Verkehrst du mit ihnen? Das ist, wie du weißt, ein ernstes Vergehen.«

Iroedh lächelte. »Stell keine Fragen, dann hörst du keine Lügen. Das ist es jedenfalls, was sie wollen.«

»Und was weiter?«

»Wenn du dafür sorgst, daß sie bekommen, was sie wollen, dann werde ich dafür sorgen, daß du dein Duell gewinnst.«

Estir war verblüfft. »Genausogut könntest du den Schatz von Inimdhad verlangen! Das widerspricht unserem ganzen Rechtssystem. Berücksichtigt man, wie viele Drohnen schon als Babys getötet werden, dann sollten sie Gwyyr danken, daß sie so lange leben durften!«

»Es ist zweifelsohne unrecht von ihnen, daß sie länger leben möchten, aber es ist nun einmal so.«

»Und warum machst du dich zu ihrem Sprecher? Eine loyale Arbeiterin sollte eher Jagd auf sie machen und sie töten!«

»Prinzessin, wir wollen hier nicht Recht und Unrecht der Angelegenheit erörtern. Wenn du deinen Kampf gewinnen willst, dann versprich, was sie fordern. Wenn nicht, dann gehe ich eben zur Königin.«

Estir dachte einen Augenblick lang nach. Dann sagte sie: »Also gut. Zeig mir deinen Trick oder dein besonderes Gebet zu Gwyyr oder was es sonst ist, das mich den Sieg erringen läßt, und ich verspreche, daß ich, wenn ich damit gewinne, den Drohnen Pardon gebe und sie von zukünftigen Säuberungen ausnehme. Du meinst, sie sollen auch noch am Leben bleiben, wenn sie zu alt sind, um ihre Funktion zu erfüllen?«

»Ja.«

»Gut. Das liefert einen gefährlichen Präzedenzfall, aber ich habe keine andere Wahl.«

Iroedh wickelte die Machete aus und erklärte ihren Gebrauch.

Estirs Augen leuchteten. »Das wird den Kampf entscheiden! Einen Dolch in der Rechten, um Speerstöße zu parieren, dann nahe heran und zack . . .«

»Man kann damit auch zustechen, nur ist es dafür zu kopflastig!«

»Ewig schade, daß ich nicht länger Zeit habe, damit zu üben, aber die arme alte Intar hat noch nie so ein Ding zu Gesicht bekommen! Ich werde die gewünschten Urkunden für diese Drohnen aufsetzen und nachdatieren, so daß sie in Wirkung treten, sobald Intar stirbt. Ich werde auch mit dem Rat Kontakt aufnehmen. Sag deinen Drohnen, sie sollen zum Duell kommen, niemand wird ihnen etwas tun.«

»Ich danke dir, Prinzessin.« Iroedh kehrte in ihre Zelle und zum ›Girl of the Limberlost‹ zurück.

Am Tag des Duells half Iroedh den ganzen Morgen bei den Vorbereitungen; Sitze wurden aufgestellt, und die Sportgeräte, die sonst auf dem Platz aufgestellt waren, wurden weggeräumt. Alle Arbeiterinnen waren mit Begeisterung bei der Sache, denn ein Königinnen-Duell war einer ihrer wenigen Feiertage.

Eine der Wachen winkte Iroedh zu sich. »Zwei dieser entflohenen Drohnen stehen draußen vor dem Haupttor. Sie behaupten, man habe ihnen Immunität zugesichert und sie wollen das schriftlich haben, bevor sie hereinkommen.«

Iroedh ließ ihre Arbeit im Stich und suchte die Ackerbaubeauftragte, die ihr einen Passierschein für die Drohnen aushändigte. Dann lief sie hinunter zum Haupttor, an dem Antis und Kutunas warteten; beide trugen gestohlene Umhänge. Sie führte die beiden an den finster blickenden Wachen vorbei, die ihr mit gezückten Speeren nachstarrten.

»Wo ist Dyos?« fragte sie.

Antis antwortete: »Er kam nicht mit, er mißtraute Estir. Auch ich traue ihr nicht, aber sie soll nicht denken, daß ich mich vor ihr fürchte.«

»Und wie geht's dir, Liebster?«

riß den Speer aus der nun lahmen Hand und schleuderte ihn zur Seite.

Intar warf noch einen letzten Blick auf ihre Gegnerin, die hoch aufgerichtet vor ihr stand. Dann schloß sie die Augen und neigte den Kopf. Die Machete pfiff durch die Luft und traf den fettgepolsterten Nacken der alten Königin. Blutüberströmt sank ihr enthaupteter Körper zu Boden und blieb zuckend im Sand liegen.

Estir ging zu dem Tisch, an dem der Außenminister saß, stieß unterwegs den Kopf der toten Königin zur Seite und rief: »Ich, Estir von Elham, ein fruchtbares und funktionstüchtiges Weibchen reinster elhamischer Abstammung, ich habe meine Vorgängerin Intar in fairem Kampf, den Gesetzen und Gebräuchen von Elham gehorchend, besiegt und verkünde nun: Ich bin die neue Königin von Elham!«

Der Außenminister schrie: »Huldigt der neuen Königin von Elham!«

Alle Arbeiterinnen und Drohnen fielen auf die Knie und riefen: »Heil der Königin! *Kwa Estir!* Langes Leben und viele Eier!«

Vardh sagte zu Iroedh: »Ist sie nicht das schönste Wesen, das man sich vorstellen kann? Ein zum Leben erweckter Orakelspruch! Ich kann ihr verzeihen, daß ich durch sie meine Wetten verloren habe.«

Iroedh mußte zugeben, daß Estir, obgleich noch immer Blut aus ihren Wunden sickerte, eine stolze, prächtige Erscheinung war. Zu schade, dachte sie, daß es heute keine Künstler mehr gibt wie in alten Zeiten, die von dieser Szene ein Bild malen könnten.

Vardh fuhr fort: »Wir sollten versuchen, beim nächsten Königinnentreffen in ihrer Eskorte zu sein, Liebste. Die Rundtänze, die dann aufgeführt werden, machen doch so viel Spaß!«

Bevor Iroedh noch antworten konnte (der Lärm war mittlerweile abgeebbt), schrie Estir: »Als erste Handlung meiner Herrschaft ziehe ich die den abtrünnigen Drohnen Antis und

Kutunas gegebene Sicherheitsgarantie zurück. Wachen, schlagt sie nieder und setzt die Arbeiterin Iroedh wegen Hochverrats fest!«

Entsetzt starrte Iroedh die neue Königin, den Außenminister und die Drohnen an; letztere waren wie gelähmt von diesem Blitz aus heiterem Himmel. Iroedh rief: »Königin, du hast doch versprochen . . .«

»Ich habe gar nichts versprochen! Wachen, gehorcht meinen Befehlen!«

Als die Wachen ihre Speere zückten und gegen sie vorgingen, kam endlich Bewegung in Antis und Kutunas. Unter ihren Umhängen zogen sie Macheten hervor, grobe Abbilder der von Estir benützten Waffe, aus rötlicher Bronze anstatt grauem Stahl und offenbar mit geringerer Kunstfertigkeit hergestellt.

»Zurück!« brüllte Antis und schwang seine Machete.

Die unbewaffneten Arbeiterinnen stoben auseinander. Antis zog eine dritte Machete unter seinem Umhang hervor und reichte sie Iroedh.

»Nimm sie!« rief er ihr zu.

»Aber . . .«

»Los! Nimm endlich!«

Obgleich es für sie mehr als ungewohnt war, dem Kommando einer Drohne zu gehorchen, nahm sie die Machete, gerade im rechten Augenblick, um eine Speerspitze zur Seite schlagen zu können.

»Auf zum Haupttor!« rief Antis und bahnte sich mit wilden Schwüngen der Machete einen Weg.

Einer seiner Hiebe schlug einer Wächterin den Helm vom Kopf, ein weiterer durchschnitt den Schaft eines Speers, ein dritter traf den Arm einer Wache, die blutend zurückwich. Kutunas war ebenso eifrig; einer seiner Schläge schlitzte einer allzu tapferen Wache den Bauch auf, ihre Gedärme quollen in den Sand.

Auch Iroedh schlug sich durch, metallisch klang die Machete auf die Messingschilde der Wachen. Plötzlich lag der

Fluchtweg frei vor ihnen. Antis packte Iroedhs freie Hand und riß sie vorwärts, dem Tor zu, quer über die Blumenbeete. Hinter ihnen ertönten die gellenden Schreie der Königin Estir durch das aufbrandende Lärmen der Volksmenge.

»Aufmachen!« brüllte Antis, als sie sich dem Tor näherten. »Auf! Notstand!«

Was immer auch die Torwachen gedacht haben mochten, in sprachlosem Nichtbegreifen starrten sie die Flüchtenden an, die die Torbalken zurückschoben und die Tore aufstießen. Endlich sagte eine Wache: »Kommt zurück! Das ist ungesetzlich! Warum werdet ihr überhaupt verfolgt?«

»Fragt die doch!« rief Antis und wies nach hinten. Dann zog er Iroedh durchs Tor, und beide liefen um ihr Leben.

Sie erreichten das Tarhail-Feld, in dem Iroedh die Drohnen vom Helikopter aus abgesetzt hatte. Hinter sich hörten sie das Geschrei der Verfolger, das aber bald leiser wurde. Kein Wunder: Während die unbewaffneten Arbeiterinnen es nicht wagten, vor den Wachen den Flüchtlingen nachzusetzen, waren die Wachen selbst durch ihre schwere Rüstung so behindert, daß ein rascher Lauf praktisch unmöglich war.

Die Flucht führte die beiden wiederum quer durch das Getreidefeld. Iroedh dachte beschämt an die Ackerbaubeauftragte, ihre einzige Freundin im Rat, der sie nun indirekt wiederum einen Schaden zufügte. Doch die Umstände und Ereignisse hatten Iroedh irgendwie härter gemacht, die Volksgemeinschaft bedeutete ihr längst nicht mehr so viel, und sie verschwendete keinen zweiten Gedanken daran.

Antis führte sie kreuz und quer, die Waldpfade entlang. »Alte Wildwechsel«, erklärte er. »Jetzt können wir rasten. Es würde Stunden dauern, bis uns hier in dem Dickicht jemand findet!«

Als Iroedh wieder zu Atem gekommen war, fragte sie: »Wo ist Kutunas?«

»Tot. Hast du nicht gesehen, wie die Wachen über ihn hergefallen sind?«

»Nein. Ich hatte genug mit mir selbst zu tun.«

»Er sah aus wie ein stacheliger Dhug, nachdem alle ihre Speere in ihn gebohrt hatten. Schade um ihn, er wäre ein besserer Freischärler geworden als Dyos, dieser Fettsack, der immerzu jammert und sich vor seinem eigenen Schatten fürchtet.«

»Und der Fettsack lebt, der tapfere Kutunas hingegen ist tot. *Weu*! Für mich ist es schrecklich, daran zu denken, daß ich gegen meine Arbeitskameradinnen gekämpft habe; vielleicht hab' ich sogar eine erschlagen! Und Estir ist eine heimtückische Verräterin; wenn man nicht einmal mehr seiner eigenen Königin trauen kann, wem denn dann?«

»Sich selbst. Kopf hoch, so ist eben das Leben!«

»Woher hast du die Matselhi?«

»Der alte Schmied, von dem ich dir erzählt habe, Umwys, der hat sie uns gemacht, nach meiner Beschreibung. Wir schleppten die Statue des flötenspielenden Dhiis, die wir einmal in Khinam gefunden hatten – erinnerst du dich? – den ganzen weiten Weg zu ihm hinaus, um ihm das Metall zu liefern.«

»Nein!« rief Iroedh entsetzt.

»Aber gewiß doch! Was blieb uns anderes übrig?«

»Aber ihr könnt doch nicht unersetzliche Altertümer . . .«

»Nun, fest steht, daß wir ohne diese Bronze alle tot wären. Da wir nichts besaßen, um Umwys zu bezahlen, schenkten wir ihm die Bronze, die von der Statue noch übrig war, nachdem er die Matselhi gemacht hatte. Im übrigen hat er Tag und Nacht daran gearbeitet, seitdem wir uns das letzte Mal in Khinam getroffen haben. Hast du genug gerastet? Können wir weiter?«

»Ich denke ja.«

»Dann komm, wir wollen zum Treffpunkt mit Dyos!«

Er führte sie immer tiefer in die Wälder, bis sie nicht mehr wußte, wo sie war; jahrelang war sie nicht mehr zur Jagd abkommandiert gewesen, so daß ihr die Gebiete jenseits der

Wiesen, Weiden und Felder fremd waren. Endlich erreichten sie die Kuppe eines kleinen Hügels.

»*Prutha*!« rief Antis. »Der elende Schuft ist abgehauen und hat Pfeil und Bogen, die ich gemacht habe, mitgenommen!«

»Na, wennschon. Was unternehmen wir?«

»Ich denke, wir sollten Umwys aufsuchen. Vielleicht hat er etwas zu essen übrig, und wir bekommen etwas in unsere Mägen.«

Er führte Iroedh weiter. Das Vorankommen wurde immer beschwerlicher, das Unterholz immer dichter, als sie in die Lhanwaed-Hügel vordrangen. Iroedh war schon sehr müde, als Antis plötzlich die Hände an den Mund legte und einen sonderbaren Ruf ausstieß. Der Ruf wurde erwidert. Nun führte Antis seine Gefährtin zu einer Stelle, wo das Buschwerk undurchdringlich zu sein schien.

Antis schob einen Armvoll Gestrüpp zur Seite, so daß ein Loch im Hügel frei wurde. Die beiden krochen in den Tunnel, der sich, nach einem scharfen Knick, plötzlich erweiterte und in eine hell erleuchtete Höhle führte, in der man aufrecht stehen konnte. Die Decke der Höhle war mit grob zugehauenen Brettern verkleidet, die von Stützpfosten getragen wurden. Nach verschiedenen Richtungen waren an den Seiten Öffnungen angebracht.

Eine verrunzelte alte Drohne stand ihnen gegenüber, offenbar der Schmied. Als sein Blick auf Iroedh fiel, stieß er einen Schrei aus, faßte seinen Speer und schleuderte ihn blitzschnell auf sie.

Doch ebensoschnell hatte Antis den fliegenden Speer mit seiner Machete nach oben geschlagen. Zitternd steckte er in den Deckenbrettern.

»Was fällt dir denn ein, alter Narr!« schrie Antis empört.

»Ich dachte, du hast mich an die Arbeiterinnen verraten«, sagte Umwys in seinem raunzigen nördlichen Tonfall. »Jede Arbeiterin ist gegen mich, und ich bin gegen jede von ihnen!«

»Iroedh ist keine Arbeiterin mehr, sondern eine Abtrünnige wie du und ich. Jetzt entschuldige dich für deinen Mordversuch!«

»Nie von einer abtrünnigen Arbeiterin gehört«, sagte Umwys eigensinnig. »Aber wenn's so ist, wie du sagst, dann wird's wohl stimmen. Doch wenn sie uns nun ganz Elham auf den Hals hetzt, dann ist das deine Schuld, Antis! Was wollt ihr eigentlich von mir? Wollt ihr noch Waffen kaufen?«

»Nein. Ich möchte wissen, was aus Dyos geworden ist. Wir haben ihn nicht, wie verabredet, getroffen. Ich fürchte, er ist weggerannt.«

»Sehr wahrscheinlich. Er war bei mir und fragte nach den Banden der Abtrünnigen oben im Norden!«

»Da haben wir's. Kannst du uns für die Nacht unterbringen?«

»Ihr könnt hier schlafen, und für dich wird sich auch ein bißchen Fleisch finden. Aber sie muß sich selbst was besorgen, ich hab' kein Arbeiterinnenfutter. Am Abhang gibt es einige Khalbäume mit eßbaren Samen!«

Iroedh kroch hinaus, um sich ihr Essen zu suchen; mühsam war es und lohnte nicht. Als es dunkel wurde, hatte sie kaum genug Nüsse gesammelt, um auch nur halbwegs satt zu werden. Als sie zurückkehrte, hatte Umwys einen Großteil seiner Feindseligkeit abgelegt.

»Eigentlich bist du ganz nett«, sagte er zu ihr, »gar nicht wie eine Arbeiterin.«

Iroedh wußte nicht recht, wie das gemeint war, und knabberte ihre Samen, ohne etwas zu antworten.

»Ich, an deiner Stelle«, sagte Umwys zu Antis und sog geräuschvoll das Mark aus einem Knochen, »ich würde mich nordwärts halten und das Orakel um Rat fragen.«

»Was?« Iroedh schüttelte den Kopf. »Du redest ja wie meine bigotte Freundin Vardh. All diese Orakelsprüche von Ledhwid können doch auf jede nur denkbare Art ausgelegt werden!«

»Nein, denn abgesehen von diesen dämlichen Versen gibt das Orakel gelegentlich auch brauchbare Ratschläge. Nichts Mystisches, sondern logische Schlußfolgerungen, gezogen aus den Nachrichten, die die Priesterinnen zusammentragen. Außerdem weiß ich keinen anderen Rat. Vom Land selbst könnt ihr nicht leben, es gibt zu wenig Wild und zu wenig Früchte, und wenn ihr die Völker beraubt, ihr zwei gegen Hunderte von denen, dann werden sie euch jagen und erwischen.«

»Und warum sollen wir uns nicht einer dieser Banden im Norden anschließen?« fragte Antis.

»Du könntest ja, aber sie würde augenblicklich erschlagen. Ihre Devise, was Arbeiterinnen betrifft, ist: Erst zuschlagen, dann fragen.«

»Klingt unvernünftig«, meinte Iroedh.

»Na, wennschon; die denken, man hat sie lange genug unvernünftig behandelt. Die Bande von Wythias ist schon so groß geworden, daß sie sogar eine befestigte Volkssiedlung angreifen könnte, wie die Arsuuni es tun. Ich habe Aufträge von Wythias für Speerspitzen, daran habe ich gut ein halbes Jahr zu arbeiten.«

»Wenn die Banden der Abtrünnigen den Arsuuni im Kampf beistehen«, meinte Iroedh, »können sie gemeinsam alle Völker der Avtini vernichten. Und was würde dann aus den Drohnen? Die ganze Rasse wäre ausgelöscht.«

»Das solltest du Wythias fragen. Oder besser das Orakel, denn Wythias läßt dich nicht lange genug am Leben, um eine solche Frage überhaupt zu ermöglichen. Wenn dem Orakel nichts anderes einfällt, könnt ihr vielleicht in seine Dienste treten.«

»Dienst beim Orakel?« fragte Iroedh.

»Ja. Es beschäftigt solche – äh – verwaisten Arbeiterinnen, wie dich.«

»Ich weiß, ich habe schon diese sogenannten Priesterinnen gesehen. Aber was geschieht mit Antis?«

»Wie soll ich das wissen? Ich glaube nicht, daß das Orakel

Drohnen beschäftigt; vielleicht kann er sich einer Bande anschließen?«

»Wir wollen uns aber nicht trennen«, meinte Antis.

Umwys hob die Schultern. »Ach Kinder, es ist euer Leben. Vielleicht kriegt er von seiner Bande alle acht Tage einmal Urlaub, um dich zu besuchen. Obgleich ich sagen muß, daß ich eure unnatürliche Zuneigung zueinander nicht begreifen kann.«

»Also dann, auf nach Ledhwid«, meinte Antis.

»Sie wird einen Umhang brauchen«, sagte Umwys. »Wenn ihr im Freien schlafen müßt, wird ihr ohne Kleidung zu kalt werden. Und sammelt pflanzliche Nahrung für sie. Manche Pflanzen haben eßbare Wurzeln und Beeren und so Zeug, aber da ich mit Arbeiterinnen nichts zu tun habe, kenne ich mich damit nicht aus.«

Am nächsten Tag sagte Antis: »Wir besorgen einen Umhang für dich auf dieselbe Art, wie ich zu meinem gekommen bin. Komm!«

Sie wanderten zurück, auf Elham zu. Nach einigen Stunden mahnte Antis zu Vorsicht. Sie näherten sich den bebauten Feldern.

»Da unten!« flüsterte er.

›Da unten‹ arbeitete eine Gruppe in einem Tarhail-Feld, demselben übrigens, das sie auf ihrer Flucht am Vortag zertrampelt hatten. Offenbar rechnete die Ackerbaubeauftragte nicht mit weiteren Verwüstungen.

Am Waldrand stand eine Arbeiterin Wache, neben ihr die Umhänge, Essen, Wasser und Gerätschaften. Sie war bewaffnet mit Speer, Schild und Helm, trug aber keine Rüstung, denn normalerweise war ihr Dienst ja ungefährlich.

»Was tun wir jetzt?« fragte Iroedh.

»Warten.«

»Wie lange?«

»Einen Tag, wenn's sein muß. Man braucht sehr viel Geduld, will man als Dieb erfolgreich sein.«

In der Tat warteten sie stundenlang. Unter dem Buschwerk, das die Hügelkuppe bedeckte, lagen sie auf dem Bauch und sahen hinunter. Endlich gähnte die Wächterin und setzte sich nieder, den Rücken gegen einen Baum gelehnt.

Antis grinste. »Langeweile macht schläfrig. Jetzt gib acht!«

Das Warten dauerte eine weitere Stunde. Die Wächterin kaute an einem Grashalm, gähnte, drehte einen Stein um und beobachtete die kleinen Tiere darunter.

»Da geht sie hin!« murmelte Antis.

Sie war in der Tat noch weiter am Stamm heruntergerutscht, so daß sie eher lag als saß, den Helm hatte sie über's Gesicht gezogen. Iroedh erschien sie wie eine gegabelte rötliche Gemüsewurzel, eine Nußschale über das obere Ende gestülpt.

Antis erhob sich, winkte ihr zu und schlich den Pfad hinunter zum Feldrand. Unterwegs hob er einen dürren Ast auf, der länger war als er selbst. Jedes Rascheln vermeidend, ging er vorsichtig weiter, Iroedh folgte. Dann, als Iroedh wieder das Rot der Haut der Wächterin durch das Grün der Blätter schimmern sah, bedeutete Antis ihr, stehenzubleiben. Dann versteckte er sich hinter einem Baum und schob den Ast hinaus, immer weiter, bis er mit der Astspitze einen Umhang erreicht hatte.

Die Wächterin bewegte sich und grunzte im Schlaf.

Antis erstarrte. Doch dann schob er lautlos den Ast unter den Kragen des Umhangs und hob ihn vorsichtig von dem Zweigstummel, an dem er aufgehängt gewesen war. Dann zog er den Ast mitsamt dem Umhang zurück, löste das Kleidungsstück, rollte es zusammen und legte den Ast unter den Baum. Er warf Iroedh einen triumphierenden Blick zu.

Als Iroedh sich umblickte, um den Rückzug anzutreten, blieb ihr Auge an einem großen, länglichen Ding hängen, das, gleich den Mänteln, an einem Aststumpf baumelte. Vorsichtig tastete sie sich näher, machte um einen im Weg liegenden toten Stamm einen Bogen. Das, was da hing, war ein bis obenhin gefüllter Sack. Behutsam nahm sie ihn herunter und sah hinein. Er enthielt eine große Menge Zwieback und ein Blatt Vakhwil-Rinde.

Sie kehrte zu Antis zurück, und gemeinsam schlichen sie zurück. Erst als sie jenseits des Hügels in Sicherheit waren, fragte Antis: »Was ist das?«

Iroedh brachte das Rindenblatt ans Licht. Es war beschrieben, und der Text lautete:

Von einer, die zurückbleibt, an eine, die fortgegangen ist:

Hier, meine Liebe, sende ich dir etwas, was du in den kommenden Tagen wirst brauchen können; es wird nicht leicht sein für dich, unter all den fleischessenden Abtrünnigen die rechte Nahrung zu finden. Denke gut von deiner Freundin, die dich liebt und bewundert. Ich bin noch immer der Meinung, du hättest einen wunderbaren Außenminister abgegeben. Und, egal ob die alten Götter existieren oder nicht, ich bete zu ihnen, sie mögen dich beschützen. Wenn du einmal den Mut verlieren solltest, dann denke an das, was das Orakel von Ledhwid über die Königin sagt, die zwei Köpfe hat und auf einem blauen Vakhnag reitet.

»Ein Schreiben von Vardh«, sagte Iroedh. »Das liebe Kind!«

Obgleich es keine Unterschrift trug, wußte Iroedh sofort, von wem es stammte. Der Gedanke an die treue Freundin schnürte ihr die Kehle zu, und sie schluchzte auf.

Antis legte beruhigend den Arm um sie. »Ein wahrer Freund ist das größte Glück – so sagte das Orakel einmal. Nun sind wir bereit für den Weg!«

Hand in Hand machten sie sich auf. Vor ihnen lag eine lange Strecke, die über Umwys' Höhle, Gliid und Ledhwid führte. Leise pfiff Iroedh das Lied von Geyliad.

VII

Die abtrünnigen Drohnen

Als die beiden, fünf Tage später, vor der *Paris* standen, zeigte sich Antis sichtlich beunruhigt.

»Bist du sicher«, fragte er, »daß diese Wesen uns nichts zuleide tun, oder das Himmelsschiff umfällt und uns erdrückt? Es sieht so instabil aus!«

»Ich bin ganz sicher. Was ist denn nur los mit meinem Helden, meinem zweiten Idhios, der den Suchtrupps von Elham so geschickt entwischt ist und der ein umherstreifendes Noag mit einem Stück Feuerholz vertrieben hat? Wo ist dein Mut geblieben?«

»Arbeiterinnen und Noags sind Geschöpfe, die ich kenne«, erwiderte er unwillig. »Aber nur Narren stolpern in unbekannte Gefahren.«

Iroedh hatte schon eine spöttische Antwort auf der Zunge, hielt aber dann doch den Mund. Es hatte keinen Sinn, einen Streit vom Zaun zu brechen. Antis hatte bisher, auf dem langen und gefahrvollen Fußmarsch, Mut und Charakterstärke gezeigt, genug für drei normale Drohnen. Es war schon fast so, daß sie von ihm abhing, anstatt er von ihr, wie es von normalen Avtini zu erwarten war.

Zu Iroedhs Überraschung standen auf der Lichtung, an der Stelle, wo Rhodhs Trupp kampiert hatte, eine Reihe von Wagen, und etwa die gleiche Anzahl Uegs waren in der Nähe angebunden. Ein Mensch war dabei, die Tiere zu füttern.

Iroedh, von dem unsicheren Antis gefolgt, näherte sich dem Mann und fragte: »Bitte, wo kann ich Dr. Bloch finden?« Aus ihrem Munde klang das etwa so: »Biide, wogani Daktablak fiin?« Und sie mußte es mehrmals wiederholen, bevor der Mann verstand. »Da drüben, auf der anderen Seite vom Schiff!« gab er dann Auskunft.

Nach einigen weiteren Fragen hatten sie Dr. Bloch gefunden. Zusammen mit Barbe Dulac und einem anderen Mann arbeitete er an einem toten Leipag, das auf dem Boden lag. Man hatte es sorgfältig in seine Teile zerlegt; die abgezogene Haut lag daneben, die Innenseite nach oben, und der andere Mann beschäftigte sich damit auf geheimnisvolle Weise. Bloch war dabei, die Muskeln und Organe von den Knochen zu entfernen, und er war beinahe fertig damit. Alle paar Minuten unterbrach er seine Tätigkeit, um Barbe etwas zu diktieren, ihr zu sagen, sie solle eine Skizze anfertigen oder eine Kamera hierhin und dahin richten. Gelegentlich warf er irgendein Organ in einen Krug mit einer farblosen, aber stark riechenden Flüssigkeit. Die beiden männlichen Menschen waren von Blut besudelt und stanken.

Iroedh hatte schon eine ganze Weile zugesehen, als Bloch ihre Anwesenheit bemerkte. »Hallo! Das ist doch Iroedh von Elham, nicht wahr?«

»Gewiß«, erwiderte diese, ein bißchen überrascht, daß er so tat, als hätte er sie nicht sofort erkannt. »Und dies ist Antis von Elham«, stellte sie vor.

»Verzeiht, wenn ich euch nicht die Hand gebe«, sagte Bloch und spreizte seine klebrigen Finger. »Aber . . .«

»Was sagt er?« fragte Antis.

»Unsere Form des Grüßens«, erklärte Bloch, der nun das Avtinische wesentlich fließender sprach als beim letzten Mal. »Und was macht eine Drohne so weit weg vom Harem? Ach, ich weiß schon, du bist einer der Drohnenmänner, die wir aus dem Gefängnis geholt haben! Was geschah dann mit euch?«

»Ich schulde dir mehr als Dank«, sagte Antis mit steifer Würde. »Wenn ich dir einmal zu Gefallen sein kann, sage es!«

Dann erzählte Iroedh, was sie alles erlebt hatten. »Und so«, schloß sie, »sind wir jetzt auf dem Weg nach Ledhwid und dem Orakel. Habt ihr schon einmal daran gedacht, dieses Orakel zu besuchen? Es würde euch gewiß interessieren!«

»Das ist schon ein merkwürdiges Zusammentreffen«, meinte Bloch. »Gestern ist eine Arbeiterin namens Yaedh von Yeym hier gewesen; sie sagte, sie käme vom Orakel und lud uns ein!«

»Das wird eine der Priesterinnen gewesen sein«, erwiderte Iroedh. »Yeym ist von den Arsuuni zerstört worden, und sie wird wohl eine der wenigen Überlebenden sein. Werdet ihr die Einladung annehmen?«

»Ja. Wir haben noch zu keiner einzigen Volkssiedlung Zutritt erhalten, und wir können nicht mehr viel länger hier bleiben . . .«

»Warum denn nicht? Wohin wollt ihr?«

»Die *Paris* hat die Aufgabe, jedem Kontinent eures Planeten einen Besuch abzustatten, das bedeutet zehn bis zwölf Aufenthalte, um Studien durchzuführen. Aber da Barbe gerne – ach, wie sagt man das nur auf avtinisch? – einen Flitterwochenausflug machen würde . . .«

Nach einigen erklärenden Sätzen rief Iroedh: »Oh, ich verstehe! Du bist jetzt ihr offizieller Drohnenmann. Ich muß dir da ein paar Fragen stellen . . .«

»Nicht jetzt, bitte!« unterbrach sie Bloch. »Wir dachten also daran, eine Fahrt zum Orakel als eine Art Hochzeitsreise zu betrachten. Die einzige Schwierigkeit war, daß wir nicht genügend Männer von der *Paris* entbehren können, um eine sichere Gruppe zusammenzubringen. So seid ihr beide sehr willkommen, denn ich nehme an, ihr wollt lieber fahren als gehen, nicht?«

»Natürlich!« rief Iroedh erfreut. »Ist diese Yaedh von Yeym hier in Gliid und kommt sie mit uns?«

»Ja. Sie muß hier irgendwo sein.«

»Ist euer Schiff von anderen Avtini besucht worden, seit wir weg sind?«

»Von mehreren. Von Khwiem ist auch eine Delegation hier gewesen, sie wollten unsere Unterstützung in irgendeiner Streiterei mit einer Nachbargemeinde. Das mußten wir natürlich ablehnen.«

»Wieso lehnen? Ich . . .«

»Zurückweisen, verweigern, verstehst du? Etliche andere kamen hier an, bloß um uns zu beobachten. Und dann kam so eine große, kräftige Person, eine Arshuul – ihr nennt sie Arsuuni, nicht? – und brachte uns eine Warnung von Königin Omförs von Tvaar – ich nehme an, es ist dieselbe, die ihr Omvyr von Tvaarm nennt –, wir sollten nur ja nicht wagen, in ihr Eroberungsprogramm einzugreifen, sonst würden sie uns mit Speeren spicken!«

Bloch schien diese Drohung zu amüsieren, was Iroedh verblüffte (die eine gesunde Angst vor den Arsuuni empfand), zumal sie sich der Stärke dieser Leute bewußt war. Wenn es ihr nur gelänge, die Arsuuni dazu zu bringen, diese Terranerexpedition anzugreifen . . .

Sie fragte: »Wie wollt ihr nach Ledhwid kommen?«

»Auf dieselbe Art, wie ihr reist, mit Uegwagen. Wir haben diese da von Thidhem gekauft.«

»Warum wollt ihr den ganzen weiten Weg fahren, wenn ihr doch in wenigen Stunden hinfliegen könnt?«

»Zwei Gründe: Wir wissen nicht, ob es in Ledhwid einen geeigneten Landeplatz für den Hubschrauber gibt, und wenn wir fahren, sehen wir so viel mehr von dem Planeten, als wenn wir nur über alles hinwegfliegen. Außerdem, wenn wir die Wagen benützen, können wir eher Kontakt mit der Bevölkerung aufnehmen; wenn wir fliegen, laufen die Bewohner weg und verstecken sich, bis wir wieder fort sind. Wir haben derlei Erfahrungen schon auf anderen Planeten gemacht.«

»Und was ist, wenn ihr in Gefahr kommt oder sonst ernstliche Schwierigkeiten habt?«

»Wir bleiben mit der *Paris* in Verbindung, so daß wir, wenn nötig, die Hilfe des Hubschraubers anfordern können.«

»Wie das? Wie könnt ihr mit dem Schiff sprechen, wenn ihr viele Tagereisen entfernt seid?«

Bloch lächelte. »Terranischer Zauber. Apropos Zauber,

weißt du, wer oder was dieses Orakel ist? Yaedh wollte nichts darüber sagen!«

»Ich weiß auch nichts weiter, als daß es ein lebendes Wesen ist; aber ich habe keine Ahnung, ob es eine Arbeiterin ist, eine Königin oder eine Drohne; ich weiß nicht einmal, ob es ein Avtin oder ein Arsuun ist; es zeigt sich niemandem von Angesicht zu Angesicht. Wann brechen wir auf?«

»Morgen früh, nun, da ihr beide hier seid. Kann Antis so einen Wagen lenken?«

Iroedh wechselte einen Blick mit Antis, der erwiderte: »Ich bin nicht besonders gut darin, da Drohnen im allgemeinen diese Kunst nicht beherrschen. Aber Iroedh hat's mir beigebracht, und so sollte es schon klappen.«

Am folgenden Morgen, noch vor Sonnenaufgang, waren fünf Uegs angeschirrt und standen bereit.

Yaedh von Yeym war am vergangenen Abend mit einem Sack voll Pilze, die die Uegs besonders gern hatten, aufgetaucht; sie hatte sie in den umliegenden Wäldern gesammelt, als Iroedh und Antis gekommen waren. Dank dieser Leckerbissen besaß sie nun die Zuneigung der Tiere, die jedem ihrer Kommandos aufs Wort folgten. Sie war eine magere, ältliche Arbeiterin mit einem runzeligen Gesicht; ihr Haarschopf war von Scharlachrot zu einem fahlen Rosa verblaßt. Sie gab sich ziemlich wortkarg.

Der erste Tag ihrer Reise verlief ohne besondere Ereignisse. Der Weg schlängelte sich am Talboden dahin, den riesigen Steinblöcken ausweichend, die ihn im nördlichen, tieferliegenden Teil bedeckten. Gegen Sonnenuntergang hielten sie und richteten das Nachtlager. Bloch holte eine kleine flache Schachtel aus der Tasche, drehte an einigen Knöpfen und sprach hinein.

»Was tust du da, Daktablak?« fragte Iroedh.

»Ich gebe der *Paris* Nachricht.«

»Du kannst tatsächlich durch dieses winzige Ding mit dem Himmelsschiff reden?«

»Aber gewiß doch. Möchtest du Subbarau begrüßen?«

Zweifelnd nahm Iroedh die kleine Schachtel und sagte mit dünner Stimme: »Heil, Kapitän Subbarau!«

»Wie geht's Ihnen, Madame Iroedh?« kam Subbaraus nasale Stimme aus dem Kästchen.

Hastig reichte Iroedh das Zauberding wieder an Bloch zurück. Nach dem Essen, als Bloch seine Pfeife paffte und Antis auf seiner Flöte spielte, wandte sich Iroedh an Barbe: »Barbylak, ich hätte dir gerne ein paar Fragen über dich und Daktablak gestellt. Zunächst . . .«

»He!« rief Bloch, als er die erste Frage vernahm. »Das wird ein Kinsey-Report!«

»Was ist ein kyndhi-reb . . .?«

»Eine Art der Befragung, die nach dem Namen ihres Erfinders benannt wurde. Uralt. Aber man kann nicht jedermann solche Fragen stellen, das widerspricht unseren Gebräuchen.«

»Aber wie erfährt man dann, was man wissen muß, um zu . . .«

»Du kannst mir diese Fragen stellen, unter vier Augen.«

Barbe wandte sich wieder an Iroedh. »Ich will nicht gerade das Thema wechseln, aber was wurde aus dem Buch, das ich dir gab?«

»Ich hatte schon mehr als die Hälfte gelesen, bevor ich fliehen mußte. Das ist einer der Gründe, warum ich zu meinem Volk zurückkehren möchte.«

»Wo bist du jetzt?«

»Dort, wo die beiden weiblichen Menschen, Elnora und Edith, den Drohnenmann Philip umwerben und von ihm befruchtet werden wollen. Zumindest glaube ich, es bedeutet das – aber man kann da nie sicher sein, denn was die Fortpflanzung angeht, sagen die Terraner nie etwas geradeheraus . . .«

»Aber ich kann dir erzählen, wie es . . .«, begann Barbe, doch Iroedh unterbrach sie: »Bitte nicht! Ich hoffe immer noch, das Buch eines Tages wiederzubekommen.«

Bloch fragte, was das für ein Buch sei, und als Barbe es ihm gesagt hatte, schüttelte er entsetzt den Kopf. »Mein Gott, da haben wir Tolstoi und Lewis und Balzac und Conrad und Silberstein und Hemingway und McNaughton und hundert andere *gute* Schriftsteller an Bord, und du führst sie in die terranische Literatur ein, indem du ihr diesen miesen sentimentalen Käse zu lesen gibst!«

»Das stimmt doch gar nicht«, erwiderte Barbe, »aber du bist ja so ein vertrockneter Eigenbrötler, du hast gar keine Ahnung, wie andere Menschen . . .«

»Was ist ein Eigenbrötler?« fragte Iroedh.

Niemand schenkte ihr Beachtung. Barbe hatte in ihrer Aufregung zum Französischen übergewechselt, und da ihr Bloch in derselben Sprache antwortete, war Iroedh ganz und gar verloren. Die Menschen fuchtelten mit den Händen und redeten in wahnwitzigem Tempo; das Ende waren gegenseitige Entschuldigungen, Umarmungen und die sonderbaren Gesten des Mund-an-Mund-Legens. Sie sprachen wieder englisch, und ›love‹ war ein Wort, das sehr oft in ihren Sätzen vorkam.

»Diese Liebe bei euch«, sagte Iroedh, »scheint eine große Rolle in Barbes Buch zu spielen. Wenn ich alles recht verstanden habe, spielt bei euch die Liebe zwischen Einzelwesen eine größere Rolle als die Liebe zu eurem Volk. Wenn das stimmt, wie kann dann eure Volksgemeinschaft gut geführt werden?«

»Meistens nicht sehr gut«, grinste Bloch und zündete seine Pfeife wieder an. »Aber wir haben eine Menge Spaß im Leben!«

»Ach geh«, meinte Barbe, »wir lieben doch unsere Völker auch. Neben Winston liebe ich meine Heimatstadt Genf, mich selbst, mein Land . . .«

»Das ist nicht dasselbe«, sagte Bloch, »das hängt mit der Sprache zusammen. Barbes Sprache hat nur das eine Wort *aimer*, das für alle Grade der Zuneigung verwendet wird. Wir aber haben viele Bezeichnungen, lieben, mögen, gern haben . . . Wir sprechen von Liebe im wesentlichen, um die tiefste Zuneigung zu beschreiben, so wie sie Barbe und ich füreinander empfinden; gern haben ist schon etwas oberflächlicher . . .«

Barbe unterbrach ihn: »Nun erzähl mir doch nicht, daß du deine Heimat und dein Land nicht liebst. Ich kenne deine Lobpreisungen an die Heimat, dein Amerika, dein Pennsylvanien . . .«

»Ja, ja, ich gebe mich geschlagen«, erwiderte Bloch und sog an seiner Pfeife. »Tatsächlich bräuchten wir vielleicht sechs Begriffe für die Grade der Liebe; erstens, die Liebe zu unseren Lebensgefährten, dann die Liebe zu Eltern und Kindern, dann die zu nahen Verwandten und Freunden, zur Heimat, zur Arbeit, und so fort.«

Barbe erwiderte: »Du willst doch damit nicht sagen, daß du deine Arbeit bloß gern hast? Oh, Winston, oft meine ich, du liebst sie mehr als mich . . .«

»Das kann man überhaupt nicht vergleichen«, sagte Bloch. »Iroedh, bei euch ist es doch so, daß das Volk zuerst kommt, nicht wahr?«

»Normalerweise ja.«

»Bei uns auf der Erde«, fuhr Bloch fort, »gab's einmal einen Kult oder eine Sekte, die ebenfalls der Ansicht waren, daß die Liebe zur Volksgemeinschaft Vorrang habe; sie nannten sich Kommunisten. Doch es schien, als ob ihre kollektivistische Liebe untrennbar mit einem fanatischen Haß auf alle Andersdenkenden verbunden war und mit einem missionarischen Eifer, ihr System der ganzen restlichen Welt aufzuzwingen. Aber du, Iroedh, bist wohl ein Spezialfall, da du deinem Volk untreu geworden bist!«

Iroedh seufzte.

»Ja, ich bin völlig verwirrt und kann nicht sagen, wen ich mehr liebe, Antis oder mein Volk.«

Da mischte sich Antis ins Gespräch: »Ich, für meine Person, habe da nicht den geringsten Zweifel; ich liebe Iroedh und pfeife auf das ganze Volk! Seit ich weg bin, bin ich ein selbstbewußtes Individuum und nicht länger ein Zuchttier.«

»Ich danke dir, Antis«, sagte Iroedh. »Allerdings glaube ich nicht, daß wir jemals Liebe in dieser starken Form empfinden können wie die Menschen, denn diese Form scheint mit Sex verbunden zu sein.«

»Und das ist für euch unmöglich, oder?« fragte Barbe.

»Gewiß. Ich bin geschlechtslos. Aber selbst wenn ich niemals wieder nach Elham zurückkehren könnte, würde mein Leben erfüllt sein, solange ich Antis habe und vielleicht auch meine Antiquitäten.«

»Die sind für dich das, was mir meine Arbeit bedeutet«, meinte Bloch; zu Antis gewandt, fuhr er fort: »Hast du denn nie diese große, brennende Liebe zur Königin empfunden, wenn du sie . . . hm . . .«

»Wenn ich sie befruchtete? Bei Eunmar, nein! Das war die pure Schwerstarbeit. Ich kann zwar nicht sagen, daß ich die alte Intar nicht gemocht habe, sie war ganz nett. Wenn sie . . .« Antis unterbrach sich. »Wie dem auch sei, es ist vielleicht ganz gut, daß es zwischen Iroedh und mir so etwas wie Sex erst gar nicht geben kann. Je mehr ich von euch Menschen höre, um so mehr bin ich der Meinung, daß unsere Liebe ohne Sex besser ist.«

»Das denkst *du*«, sagte Barbe. »Ich könnte dir etwas ganz anderes erzählen; aber da ihr von einer anderen Spezies seid, würde euch das wahrscheinlich gar nichts sagen.« Sie wandte sich zu Yaedh. »Du hast bisher noch gar nichts gesagt, Schwester. Was oder wen liebst du, und warum?«

Yaedh zeichnete ein Muster in den Staub. »Wie jede normale Arbeiterin habe ich mein Volk geliebt«, sagte sie und warf Iroedh einen vorwurfsvollen Blick zu. »Als mein Volk vernichtet war, blieb mir nichts mehr. Nichts. Jetzt liebe ich nur noch die Tiere. Deshalb verwöhne ich die Uegs mit Lekkerbissen und halte mir in Ledhwid ein zahmes Neinog.«

»Und deine Priester-Kolleginnen liebst du nicht?« fragte Iroedh.

Yaedh hob die Schultern. »Die stammen von vielen verschiedenen Völkern, bilden aber selbst kein Volk. Obgleich ich die meisten recht gern habe, ist mein Gefühl doch in keiner Weise mit dem zu vergleichen, das man für sein Volk empfindet. Es ist wie der Unterschied zwischen ›lieben‹ und ›gern haben‹, den Daktablak vorhin beschrieb.«

»Und das Orakel selbst«, fragte Bloch, »wird er, sie oder es geliebt?«

»Es ist uns verboten, über das Orakel zu sprechen. Ich kann euch aber versichern, daß es weder männlich noch weiblich in unserem Sinne ist.« Nach einer kleinen Pause fuhr sie fort: »Der einzige Rat, den ich euch geben kann, ist der: Je mehr Dinge und Personen ihr liebt, um so weniger wird es euch schmerzen, wenn ihr ein Objekt eurer Liebe verliert. *Mein* einziger Trost liegt in dem alten Orakelspruch:

›*Wenn die letzte Sonne untergeht,*
und alle Sterne erkalten,
wird neues Leben auf Niond entstehn,
wenn erst vergangen das alte
im Tod, den die Kälte bringt.‹«

»Wenig tröstlich«, meinte Bloch. »Wie alle Orakelsprüche voll dunkler Andeutungen und ohne konkrete Hinweise. Aber ich will dir keineswegs deine einzige Freude rauben.«

Antis und Iroedh waren schlafen gegangen. Eng umschlungen lagen sie auf den Luftmatratzen der *Viagens Interplanetarias*, mit ihren Umhängen zugedeckt, einer bei dem anderen Schutz und Wärme suchend. Lächelnd sah Bloch auf sie herab.

»Vielleicht seid ihr zwei großen Kinder körperlich nicht in der Lage, unsere Art der Liebe zu empfinden«, murmelte er. »Aber ihr macht das Beste daraus und seid's zufrieden.«

Drei Tage lang setzten sie ihre Fahrt nach Norden fort, ohne daß etwas Erwähnenswertes geschah; hie und da fiel leichter Regen. Iroedh, die sich nun nicht länger ihrem Volk verpflichtet fühlte, erzählte Bloch alles, was sie von der avtinischen Geschichte und Kultur wußte, und das war gar nicht so wenig. Barbe stenografierte mit.

Bloch sagte: »Ich würde gerne die Ruinenstadt Khinam sehen. Glaubst du, die Elhamni würden uns vertreiben, wenn wir ihr vor unserer Abreise einen Besuch abstatten?«

»Sie werden's nicht gerne sehen«, meinte Iroedh, »aber ich glaube nicht, daß sie ernsthaft Widerstand leisten, schließlich wissen sie von euren Schußwaffen.«

»Dann werden wir einen Besuch . . . ho, was ist denn das da vorne?«

›Das‹ – das war eine hüfthohe Straßensperre, ein Stapel aus Ästen und Felsbrocken. Aus dem Augenwinkel sah Iroedh das Aufblitzen eines Messinghelms.

»Abtrünnige!« schrie sie. »Daktablak, schnell, deine pistelh!«

Mit einem energischen *›Branio‹* brachte Bloch sein Ueg zum Stehen. Irritiert sah er sich um, während er die Pistole aus dem Halfter zog. »Könnten wir nicht umdrehen und davonfahren?«

»Zu spät«, erwiderte Antis und holte seine bronzene Machete hervor. »Schau zurück!«

Eine Gruppe avtinischer Drohnen war hinter ihnen auf der Straße erschienen und stürmte vor; zwei oder drei trugen Schilde und Helme, einer war mit einem Küraß bekleidet, doch die meisten waren nackt und trugen Speere in den Händen. Ein einziger war mit Pfeil und Bogen bewaffnet und blieb eben stehen, um zu zielen. Antis hieb mit der Machete durch die Luft. »Wenn Daktablak die mit den Rüstungen tötet, könnten wir sie uns holen . . .«

Yaedh von Yeym rief mit lauter Stimme: »Eine Priesterin des Orakels von Ledhwid! Ich beanspruche Immunität . . .«

Zischend fuhr ein Pfeil zwischen sie, und Yaedh und Antis suchten Deckung.

»Da vorne!« rief Yaedh.

Eine weitere Gruppe der wilden Gestalten bog eben um eine Kurve und blockierte die Straße von vorne.

»Antis, komm zurück!« rief Iroedh. »Wir sollten beisammen bleiben und, solange der Feind noch weiter weg ist, den Kampf den Menschen überlassen. Erst wenn er näherrückt . . .«, sie schwang ihre Klinge.

Der plötzliche scharfe Knall von Barbes Pistole ließ sie verstummen. Der kleine weibliche Mensch war zu Yaedhs Wagen zurückgelaufen und hatte, hinter diesem gedeckt, auf die anstürmenden Drohnen geschossen. Ihr Anführer fiel getroffen zu Boden.

Barbe schrie: »Nimm du die vorne, ich . . .«

Ratatatatat! bellte Blochs Maschinenpistole, ein weiterer Knall von Barbes kleiner Waffe folgte. Eines der Uegs bäumte sich verschreckt auf und kippte den Wagen um. In dem Kampflärm war Iroedh wie gelähmt; obgleich sie ein qualifizierter Soldat ihres Volkes war, erschien ihr dieses Gefecht mit den Zauberwaffen fast ebenso schlimm wie ihr erster Flug mit dem Helikopter.

Ratatatatat! Peng!

Als Iroedh wieder die Augen öffnete, hatten sich die Drohnen an beiden Fronten schon zum Großteil zurückgezogen, um im Wald Schutz zu suchen; am rückwärtigen Teil der Straße waren zwei Tote zurückgeblieben, vorne lagen drei. Eben kletterten die letzten über die Barrikade, einem, der nicht schnell genug war, half ein letzter Schuß aus Blochs Waffe hinüber.

Die erschreckten Uegs hatten versucht, auszubrechen, aber Yaedhs beruhigende Zusprache brachte sie wieder zur Vernunft. Iroedh schüttelte den Kopf, um ihre von der Knallerei betäubten Ohren wieder frei zu bekommen.

»Ein kurzer Kampf«, sagte Antis. »Ich hatte nicht einmal Gelegenheit, zu zeigen, was ich kann!«

»Dieses Pack!« schimpfte Yaedh. »Ich kann ja noch verstehen, daß sie euch andere angegriffen haben, aber eine

Priesterin des Orakels nicht zu achten, ist unerhört. Es muß die Bande von Wythias gewesen sein, er ist der einzige, der es wagt, eine solche Ungeheuerlichkeit . . .«

»Bist du verletzt, Liebling?« fragte Barbe ihren Gatten.

»N-nein, bloß ein bißchen durchgeschüttelt«, erwiderte Bloch und hantierte an seiner Waffe. Seine Stirn war schweißbedeckt, als wäre er gelaufen. »Etwas dieser Art dürfte wohl den Leuten vom osirischen Schiff passiert sein.«

»Großer Eunmar!« rief Antis, der eine der toten Drohnen untersucht hatte. »Völlig zerschmettert von der magischen Waffe, vom Kopf ist ja fast nichts mehr übrig.«

»Richten wir den Wagen auf und räumen wir das Zeug von der Straße«, sagte Bloch. »Wir müssen weiter.«

Doch Antis war noch nicht bereit. »Erst will ich mir eine Rüstung besorgen«, meinte er und löste den Kinngurt eines Helmes. »Iroedh, hilf mir!« Endlich hatte er der Leiche den Helm abgezogen, und sogleich probierte er ihn selbst an. »Bißchen weit, aber ich werde ihn unterlegen. Ein gutes Stück, ich erkenne Umwys' Arbeit. Zu schade, daß Barbylac ein Loch in den Brustpanzer gemacht hat, aber ich werde es mit einem Stein aushämmern, und später kann es ein Schmied einmal flicken.«

Iroedh war nicht ganz einverstanden. »Was plagen wir uns mit dem schweren Zeug, wo doch die Waffen der Terraner so leicht Löcher hinein machen, als wäre es Vakhwilrinde?«

»Es werden uns nicht immer Terraner zur Seite stehen. Probiere diesen Helm! Na, sehe ich nicht aus wie ein Krieger aus einem der alten Epen?«

Mit stolzgeschwellter Brust stand Antis da, mit Küraß und Schild, einen schimmernden Helm auf dem Kopf, in der Hand den Speer einer toten Drohne. Iroedh fand seine Erscheinung in der Tat beeindruckend. Barbe jedoch stieß ein sonderbares, schniefendes Geräusch aus und hielt sich die Hände vor den Mund.

Antis sah sie fragend an.

»Ich hab' nur etwas in die Nase bekommen«, meinte

Barbe. »Du siehst wunderbar aus, Antis; aber sag, sollte nicht – ich meine, brauchtest du nicht noch eines dieser Dinger, um dich auch unten zu schützen?«

»Einen Militärschurz?« fragte Antis ernst. »Ja, der gehörte zu einer vollständigen Ausrüstung, doch hat keiner der toten Feinde einen besessen; bei Gelegenheit werde ich wohl einen auftreiben.«

Er half Bloch, den Wagen wieder auf die Räder zu stellen und die Barrikade wegzuräumen. Iroedh war überrascht, mit welcher Leichtigkeit er Baumstämme hochhob und sie in die Büsche warf.

»Wie stark du geworden bist!« sagte sie bewundernd.

»Ja, das gute einfache Leben!« Er hob einen Stein (der für zwei Arbeiterinnen zu schwer gewesen wäre, dachte Iroedh) bis in Brusthöhe, seine kräftigen Armmuskeln traten hervor, als er ihn hochstemmte und zur Seite schleuderte.

»Gib nicht so an, sonst wirst du dich noch verletzen«, sagte Bloch unbeeindruckt.

Schon wollte Antis etwas erwidern, als mit einem scharfen Zischen ein Pfeil hart neben Barbes Gesicht vorbeiflog.

»Sie greifen schon wieder an«, schrie sie. »Iroedh, hast du gesehen, woher der Pfeil kam?«

Barbe richtete ihre Pistole gegen den schweigenden Wald.

»Nein, keine Ahnung«, erwiderte Iroedh. »Daktablak, komm hier herüber und decke uns mit deiner Pistole. Ich werde Antis helfen!«

»Aber – das ist doch keine Frauenarbeit!« protestierte Bloch.

»Tu doch, was sie sagt!« rief Barbe. »Sie versteht das besser.«

»Von mir aus, ich komme ja schon«, brummte Bloch und kletterte wieder auf seinen Wagen; mit dem Zielfernrohr bestrich er beide Seiten des Waldes, ohne etwas zu entdecken. Iroedh arbeitete an der Barriere und zerrte die Stämme auseinander.

In diesem Augenblick zischte ein neuer Pfeil heran und traf Bloch mitten in der Brust. Mit einem dumpfen *plop* blieb er stecken.

Bloch taumelte zurück und wäre fast vom Wagen gefallen. Er schickte zwei Feuerstöße in den Teil des Waldes, aus dem der Pfeil gekommen war. Antis und Iroedh hatten gerade den letzten Stamm von der Straße gezerrt und ließen ihn fallen. Sie wandten sich um, als sie Barbes Schrei hörten. Barbe zog ihre Pistole und feuerte mehrmals in den Wald hinein, dann sprang sie auf und wollte offenbar Bloch helfen.

Iroedh lief zurück. Bloch stand aufrecht in seinem Wagen und schien mit Barbe zu raufen; der Pfeil steckte noch immer in seiner Brust.

»Nein, nein!« protestierte er. »Es geht mir prima. Schau, daß du in deinen Wagen kommst, und dann nichts wie weg!«

»Bist du nicht verletzt?« Barbe war noch nicht überzeugt.

»Ich hab' nicht mal einen Kratzer. Fahren wir weiter oder kehren wir um? Ich bin fast für letzteres . . .«

»Wo wir bereits drei Viertel des Weges hinter uns haben?« fragte Barbe. »Du bist ja nicht ganz bei Trost, mein Lieber. Natürlich fahren wir weiter!«

»Egal in welche Richtung, bloß rasch. Ihr beide, steigt doch auf!«

Iroedh und Antis sprangen in ihre Wagen und schnalzten mit den Peitschen. Die Uegs, die das Warten ungeduldig und die Schießerei nervös gemacht hatte, sprangen in großen Sätzen davon, die Wagen hüpften und holperten hinter ihnen her und kamen fast zum Kippen, als sie über die Leichen rollten, die niemand von der Straße geräumt hatte. Iroedh glaubte, aus den Wäldern beiderseits der Straße Rufe zu hören, doch wenn dem so war, blieben die Rufer bald weit zurück.

Yaedh, die als letzte fuhr, rief: »Nur schnell weiter! Dieser Wythias ist ein hartnäckiger Bursche, ich fürchte, er wird uns folgen.«

»Was ist mit dir?« fragte Iroedh an Bloch gewendet. »Seid ihr Menschen unverwundbar, oder trägst du einen Panzer unter deiner Tunika?«

Bloch zog den Pfeil heraus und warf ihn weg. »Das verdammte Ding hat mein Radio getroffen. Wenn es hin ist, wie ich annehme, ist das fast so schlimm, wie wenn . . . Ich wußte gar nicht, daß ihr Avtini Bogenschützen seid.«

»Normalerweise benützen wir Pfeil und Bogen nur zur Jagd«, sagte Iroedh, »denn die Pfeile durchdringen unsere Rüstungen nicht. Aber die Drohnen haben gesehen, daß wir keine tragen, so versuchten sie ihre Jagdwaffen an uns.«

Barbe meinte: »Ich bin sicher, daß ein starker terranischer Bogen durch dieses dünne Messing hindurchschießen könnte, zumindest auf kurze Entfernungen.«

»Vielleicht haben sie nicht das richtige Holz, zumindest nicht auf diesem Kontinent«, meinte Bloch.

Iroedh überlegte, ob sie nicht mit dem Volk von Khwiem, das sich mit Überseehandel beschäftigte, ein Abkommen treffen könnte, um eine Ladung gutes Bogenholz von einem anderen Kontinent für Elham zu besorgen.

Dann erst fiel ihr ein, daß der von den Arsuuni angezettelte Krieg schon lange beendet sein würde, bevor eine solche Transaktion auch nur angelaufen wäre. Außerdem war sie doch jetzt eine Verstoßene, eine Waise, wie Yaedh. Der Gedanke, daß sie nun zu keinem Volk mehr gehörte, machte ihr weh ums Herz. Sie hatte zwar Antis, aber man konnte doch nicht einer einzigen Drohne so angehören, wie man mit ganzer Seele einem Volk angehörte. Wäre man ein Terraner, könnte man einen Gefährten des anderen Geschlechts wählen und ihm seine *Oedhurh* schenken, aber ihr als Arbeiterin war dieser Ausweg verschlossen . . .«

Vorbei ging es an der Einmündung der Straße nach Khwiem; in der Ferne sahen sie den rauchenden Kegel des Wisgad. Der Himmel hatte sich bewölkt, die Sonne war schon lange untergegangen. Die Uegs schnauften und stolperten vor Müdigkeit. Bloch bestand darauf, daß sie weitab der Straße kampierten, und so fuhren sie zwischen Büschen und Bäumen hindurch, bis sie endlich einen offenen Platz gefunden hatten, am Fuße eines steinigen Hügels, von dem aus man die Umgebung gut beobachten konnte, der von der Straße aus jedoch nicht so leicht eingesehen wurde.

Bloch zog das Radio aus der Tasche, öffnete es und untersuchte es kurz mit Hilfe eines anderen Zaubergerätes (einem Stab, an dessen einem Ende ein Licht brannte) und warf es dann weg.

»Hoffnungslos«, sagte er. »Aber trotzdem nicht so schlimm, denn wenn das Schiff heute abend von uns keinen Bericht erhält, wird Subbarau den Hubschrauber schicken, um uns zu suchen. He, Antis, hör auf mit dieser Musik!«

Antis hatte eben ein paar Takte auf seiner Flöte gespielt. Bloch wandte sich zu Yaedh. »Glaubst du, daß unser Vorsprung groß genug ist, so daß wir sicher sind?«

»Ich weiß nicht recht«, erwiderte Yaedh. »Es gibt eine Abkürzung über die Flanke des Wisgad; wenn sie die ganze Nacht marschieren, könnten sie uns gegen Morgen erreichen.«

»Dann werden wir schon bei Anbruch der Dämmerung aufbrechen. Wie weit ist es noch bis Ledhwid?«

»Wenn wir früh aufbrechen und rasch fahren, sollten wir morgen am späten Abend ankommen.«

»Würde wohl dieser brutale Kerl von Wythias so weit gehen, das Orakel selbst anzugreifen?«

Yaedh zögerte. »Hättest du mir gestern diese Frage gestellt, würde ich den Gedanken für absurd gehalten haben. Alle verehren das Orakel oder respektieren es zumindest, schon wegen seines praktischen Nutzens. Arbeiterinnen aller Völker, selbst wenn diese sich im Krieg miteinander befinden, können sich dort frei und friedlich begegnen, sogar die Arsuuni. Sie tauschen Neuigkeiten aus und verhandeln miteinander. Jetzt aber hat dieser Wythias (wenn er es wirklich war) meine Immunität nicht respektiert, so daß ich nicht sicher sein kann, was er noch alles tun wird.«

Bloch sagte: »Auf alle Fälle werden wir doppelte Wachen aufstellen.« Er schraubte ein Rohr auf seine Waffe. »Barbe und ich werden jeweils mit einem von euch Wache halten.«

»Was ist das für ein Ding auf deiner pistelh?« fragte Iroedh.

»Damit können wir in der Dunkelheit ebensogut sehen wie ihr. Jetzt wollen wir unsere Sachen in einem Kreis anordnen, so daß wir eine Art Barrikade bekommen, und dann gehen wir wohl lieber schlafen.«

Iroedh und Barbe hatten die zweite Wache. Barbe sagte: »Eure Nächte hier sind so schrecklich dunkel. Ich glaube nicht, daß ich auf Ormazd leben möchte, so ganz ohne Mondschein!«

Iroedh mußte zugeben, daß es sehr dunkel war, doch da sie nie einen Mond gesehen hatte, konnte sie nicht die Nächte ihrer Welt mit denen einer anderen vergleichen. Nichts war zu hören als die regelmäßigen Schnarchtöne, die Bloch ausstieß, und ein leises Zirpen und Summen nächtlicher Insekten.

Plötzlich blieb Iroedh stehen und wandte lauschend ihren Kopf in alle Richtungen, so daß ihre kleinen runden Ohren das leiseste Geräusch auffangen konnten. Sie hätte bei Gwyyr schwören mögen, daß sie einen leisen Ton gehört hatte, so wie wenn Metall an Metall schlägt.

»Iroedh?« fragte Barbe, »was ist?«

»Ruhig! Jemand kommt.«

»Dann wollen wir die anderen wecken ...«, begann Barbe, doch dann schrie eine Stimme: *»Kwa, Wythias!«*

Gleich darauf ertönte dieser Ruf rundum: »Kwa, Wythias! Kwa, Wythias!« Dunkle Körper bewegten sich durch die Büsche.

Barbe blieb auf halbem Weg zu Bloch hin stehen und nahm die Maschinenpistole von der Schulter. Iroedh zog ihre Machete. »Dort drüben kommen sie!« rief Iroedh und zeigte hinüber zum Wald, wo sie einen Klumpen von sich bewegenden Gestalten ausmachen konnte.

Ratatatatat! bellte die Maschinenpistole. In der darauffolgenden Stille hörte Iroedh Laute aus einer anderen Richtung und wirbelte herum. Drei Kerle kamen mit gezückten Speeren von rechts her auf das Lager zu. Iroedh sprang vor, um diesen Angriff abzuwehren, obgleich sie wußte, wie gering ihre Chancen gegen drei kampfgestählte Drohnen waren.

Ein Pistolenschuß bellte auf – es war Bloch, der von seinem Lager mit einem einzigen Sprung zu Barbe hinüberschnellte, ihr die Maschinenpistole entriß und in die Angreifer hineinfeuerte. Im Aufblitzen der Schüsse hatte Iroedh den flüchtigen Eindruck zu Boden stürzender oder zurücktaumelnder Körper.

Dann steckte Bloch eines dieser Messingdinger auf die Waffe, das es ihm ermöglichte, auch nachts zu sehen. »Sie lernen schnell, in Deckung zu gehen«, murmelte er, »keiner mehr zu sehen, außer den Toten.«

Man hörte Stimmen in der Dunkelheit, viele Stimmen, die sich nicht die geringste Mühe gaben, ihre Anwesenheit geheimzuhalten. Irgendwo jammerte ein Verwundeter.

Auch Antis und Yaedh waren jetzt auf, und ersterer hatte seine Machete in der Hand. Alle drängten sich in der Mitte des notdürftig befestigten Lagers.

»Ich glaube nicht, daß sie es noch einmal versuchen«, meinte Bloch.

Yaedh war anderer Meinung. »Wythias ist unnachgiebig; seine Leute fürchten ihn noch mehr als unsere Zauberwaffen.«

»Aber wie kann er sie nur zum Angriff zwingen, wenn sie nicht wollen? Was ist denn das?«

Lärm drang von unten herauf, wo die Uegs angebunden waren, ein Stampfen, Rasseln, Schleifen. Yaedh schrie: »Sie holen unsere Tiere! Sie treiben sie weg!«

»Gott sei meiner Seele gnädig!« sagte Bloch. »Was tun wir dagegen?«

»Du kannst ja versuchen, in die Richtung des Weideplatzes zu schießen«, meinte Antis, »vielleicht erwischst du ein paar von denen.« Er schärfte die Klinge seiner Machete mit einem Wetzstein.

»Aber damit könnte ich geradesogut die Uegs treffen, und das wäre ebenso schlimm, als wenn sie sie wegtreiben.«

»Dann könntest du hinuntergehen und sie mit deiner *pistelh* aus der Nähe angreifen!«

»Ich? Eh – ich sehe aber so schlecht in der Dunkelheit, und da unten müssen ja Hunderte von den Kerlen sein!«

»Fürchtest du dich? Dann werde ich gehen, allein, mit nichts als meiner *matselh* . . .«

»Sie fahren weg!« schrie Yaedh, und in der Tat hörte man Peitschenknallen und anfeuernde Rufe, Räderrollen und das Klirren des Geschirrs.

»Zu spät«, ärgerte sich Bloch. »Jetzt haben wir die Bescherung! Unsere Reservemunition und das Essen waren doch in den Wagen.«

»Und mein Zwieback!« rief Iroedh.

»Und mein Notizheft!« rief Barbe.

Bloch hatte eine Idee: »Yaedh, du sprichst doch ihren Dialekt, frag sie doch, was sie von uns wollen!«

Yaedh legte die Hände an den Mund und rief: »Whythias von Hawardem!«

Sie mußte den Ruf mehrmals wiederholen, bevor Antwort kam: »Hier bin ich!«

»Was wollt ihr von uns?«

»Wir wollen die Zauberwaffen der Terraner. Wenn sie sie uns geben, lassen wir euch ziehen!«

Yaedh übersetzte, und Bloch fragte: »Inwieweit kann man diesem Wythias trauen?«

»Gar nicht; schließlich hat er es gewagt, seine Hand gegen eine Priesterin des Orakels zu erheben!«

Bloch war unsicher und knackte nervös mit seinen Fingerknöcheln. Schließlich sagte er: »Sag ihm, das geht nicht. Ich kann meinem Chef nicht unter die Augen treten, wenn ich diesem Burschen erlaube, unsere Waffen zu stehlen.«

Yaedh gab das Nein an Wythias weiter. Eine Weile

herrschte Stille ringsum, dann hörte man das Zischen eines Pfeiles.

Bloch sagte: »Legt euch alle innerhalb des Gepäckwalles nieder!«

Immer mehr Pfeile kamen angeschwirrt, einer blieb mit einem dumpfen Plop in einem Gepäckstück stecken.

»Kannst du nicht einen der Schützen in deinem Zauberrohr sehen?« fragte Antis.

Bloch, der dieses eben versucht hatte, erwiderte: »Ich sehe nicht genug für einen Schuß. Außerdem befinden sich die Schützen jenseits des Hügels und lassen die Pfeile über diesen hinwegfliegen.«

»Auf diese Art werden sie nicht viel treffen«, meinte Iroedh.

»Hoffen wir's. Bleibt unten.«

»Warum kriechst du nicht hier heraus und greifst an?« fragte Antis. »Wenn du mit deiner Zauberwaffe unter sie kommst, kannst du ein Blutbad anrichten!«

Bloch zögerte. »Ich weiß nicht recht . . . Yaedh, was meinst du, wie viele es sind?«

»Wenn die ganze Bande hier ist, sind es mehr als zweihundert«, erwiderte die Priesterin.

Immer mehr Pfeile fielen.

Bloch schüttelte den Kopf. »Da sie unsere Wagen geraubt haben, ist unser Munitionsvorrat zu klein. Ich habe noch achtzig Schuß für meine Waffe und zwanzig bis dreißig für Barbes kleine Pistole. Mit vollautomatischem Feuer könnte man alle binnen Sekunden wegputzen, aber so . . . Selbst wenn jeder Schuß träfe, sind da weit mehr von den Kerlen, als ich Patronen habe!«

Iroedh kam es vor, als suchte Bloch nach Ausreden, um nicht näher an die Angreifer heranzumüssen. Antis vertrat beharrlich seine Ansicht: »Wenn du ein paar von ihnen tötest, wird der Rest davonlaufen. Ich begleite dich mit meiner *matselh* . . .«

Yaedh stieß einen Schrei aus und stöhnte. Iroedh, ihren

Schild als Schutz auf den Rücken gebunden, kroch zu ihr hinüber. Da lag die Priesterin, einen Pfeil in der Brust; mit leiser Stimme sagte sie: »Hätte ich nur eine einzige wahre Liebe gehabt in diesem Leben . . .«

Ihr Kopf fiel zur Seite.

»Sie ist tot, das arme Ding. Daktablak, Antis hat recht, es hat keinen Sinn, hier zu liegen und darauf zu warten, von einem Pfeil getroffen zu werden.«

»Was sonst?«

»Ich bezweifle, daß sie uns völlig eingekreist haben. Wenn wir nur das mitnehmen, was wir unbedingt brauchen, sollte es uns gelingen, auszubrechen. Wir schleichen uns weg, ohne daß sie es merken.«

Bloch war nicht überzeugt. »Ich weiß nicht recht . . .«

»Sie hat recht.« Barbe begann, ihre Sachen zusammenzusuchen.

»Ich hasse es, wegzulaufen«, meinte Antis, aber Barbe fuhr fort: »Wir können uns von der Straße weg bewegen, in dieser Richtung werden sie's am wenigsten erwarten, und dann einen großen Bogen schlagen, so daß wir weit im Norden wieder auf die Straße treffen; wir müßten dann schon in der Nähe von Ledhwid sein.«

Weitere Pfeile fielen.

»Also gut«, sagte Bloch endlich. »Jeder macht ein Bündel aus den Dingen, die er am nötigsten braucht. Ich nehme an, Barbe und ich werden vorneweg mit den Feuerwaffen gehen, und ihr beiden Avtini werdet die Sachen tragen . . .«

»Nein«, sagte Antis. »Wenn du schießt, dann wissen alle Bescheid, wo wir sind. Ihr tragt die Sachen, Iroedh und ich werden vorangehen und . . .« Er hieb mit seiner Machete demonstrativ durch die Luft.

Iroedh fand, daß sie kaum etwas besaß, was sie unbedingt brauchte. Das einzige, was sie wirklich vermißte, war ihr Zwieback, ohne den sie eine hungrige Zeit auf sich zukommen sah. Sie stopfte ihre Habseligkeiten in ihren Umhang und band dessen Ecken zusammen, ebenso wie Antis es tat.

»Alles fertig?« fragte Bloch. »Dann los, und leise!«

Hintereinander krochen sie geduckt aus dem Lager, das ringförmig aufgebaute Gepäck blieb zurück. Sie wandten sich dem Freiland zu, weg von der Straße und den dort lauernden Angreifern.

VIII

Gelee Royal

Antis machte den Führer, Schild in der einen, Machete in der anderen Hand; Iroedh ging unmittelbar hinter ihm, über seine Schulter nach vorne spähend.

Sie hörten die Pfeile, die hinter ihnen auf das verlassene Lager fielen, das nächtliche Konzert von Millionen kleiner Tiere, und in der Ferne Wortfetzen und Zweigeknacken: die Drohnen.

Als sie den der Straße abgewandten Hügel erklommen, hörte Iroedh das Schnaufen der Terraner hinter sich; kein Wunder, daß sie bei den Lasten, die sie schleppten, atemlos waren.

Antis wandte plötzlich den Kopf ein wenig zur Seite und stieß ein kaum hörbares Zischen aus. Iroedh duckte sich und schlich noch vorsichtiger bergan, die Machete bereit zum Zuschlagen.

»Wer da?«

Eine knarrende Stimme. Eine plumpe dunkle Gestalt tauchte vor ihnen auf, und Antis schlug blitzschnell zu, kaum daß er ihrer gewahr geworden war. Iroedh war seitlich vorgesprungen, so daß sie neben Antis stand, und schwang ebenfalls ihre Waffe. Sie sah ihr Ziel kaum, spürte aber, daß sie getroffen hatte.

Die dunkle Gestalt fiel in sich zusammen. Als Bloch mit schußbereiter Pistole ankam, sah er nur mehr einen toten Drohnenmann am Boden liegen.

»Weiter!« flüsterte Antis.

Sie überschritten die Hügelkuppe und stiegen auf der anderen Seite wieder ab; diese Seite war jedoch bewaldet, so daß sie nur sehr langsam vorankamen.

»Antis, kannst du sehen, wo du gehst?« fragte Bloch. »Bist du sicher, daß du uns nicht in einem Kreis führst?«

»Sicher nicht, aber ich versuche, den Lärm, den die Drohnen machen, im Rücken zu behalten.«

»Wir könnten größere Abstände zwischen uns lassen, so daß ich dich nur gerade noch erkennen kann, dann kann ich vielleicht erkennen, ob du nach der einen oder anderen Seite abweichst.«

Sie versuchten es so, doch der Erfolg war gering, denn unter den Bäumen war es so dunkel, daß man nur ein paar Meter weit sehen konnte. Also versuchten sie es mit einer anderen Methode: Bloch blieb zurück, beobachtete die anderen durch sein Infrarotglas und rief ihnen zu, ob sie sich mehr rechts oder mehr links zu halten hatten. Dann blieben sie stehen, und er kam nach. War das Buschwerk zu dicht, gingen Antis oder Iroedh voraus, um mit einer Machete den Weg freizumachen. Doch Iroedh mußte nur zu bald erfahren, daß die aus Bronze nachgemachte Machete eine bei weitem schlechtere Klinge besaß. Nach wenigen Stunden war sie so stumpf, daß sie nicht mehr Wirkung zeigte, als hätte man versucht, die Zweige mit einem Stock abzuschlagen.

Langsam wurde es über den Baumspitzen heller. Iroedh konnte sich nicht erinnern, je in ihrem Leben so müde gewesen zu sein. Hatte sie auch bei ihrem Volk oft schwer arbeiten müssen, so war doch alles so organisiert gewesen, daß sich niemand bis zur völligen Erschöpfung abplacken mußte.

Im blassen Grau der ersten Dämmerung kamen sie aus dem Wald heraus und sahen eine Hügelkette vor sich, nackter Fels, der sich in welligen Bändern über dem Buschwerk erhob. Sie schleppten sich wieder bergan, erklommen die Höhe und ließen sich endlich, knapp unterhalb der Kuppe, nieder. Die schmerzenden Füße ließen sie baumeln.

»Was haben wir eigentlich an Eßbarem?« fragte Bloch.

Antis knotete die Ecken seines Umhanges auseinander. »Von dem Zeug, das wir letzte Nacht aus den Wagen geholt haben, sind noch drei Behälter hier, ich glaube, sie enthalten dieses weiche, ölige Fleisch, das ihr eßt.«

Er hielt drei Thunfischdosen in der Hand.

Barbe fragte: »Und was ist mit der armen Iroedh?«

Achselzuckend erwiderte Bloch: »Wenn sie terranischen Fisch versuchen will, kann sie's gerne tun; wenn nicht – gibt es hier in den Wäldern keine wilden Früchte?«

Während er eine der Dosen öffnete, erwiderte Antis: »Es ist hier nicht leicht, vom Land zu leben. Hätte ich deine Waffe und verstünde, damit umzugehen, könnte ich wohl gelegentlich ein wildes Tier töten; aber ich habe keine Ahnung, was es für eine Arbeiterin zu essen gibt!«

»Ich habe mich umgesehen«, sagte nun Iroedh, »aber die paar eßbaren Beeren und Samen, die es in Elhams Umgebung gibt, scheinen so hoch im Norden nicht mehr zu gedeihen. Danke, ich will nichts von dem Thunfisch. Wenn wir nur bald zur Straße zurückfinden: ich bin sicher, ich kann es bis Ledhwid aushalten.«

»Wenn wir die Straße wiederfinden«, sagte Barbe. »Winston, gib doch einmal Karte und Kompaß heraus!«

Bloch zog die Landkarte aus seinem Rucksack und faltete sie auseinander, dann begann er, nach dem Kompaß zu suchen. Er leerte den Rucksack, dann seine Taschen; seine Miene wurde immer betretener.

»Ich bin sicher, ich habe ihn«, murmelte er.

Antis sagte: »Das kleine runde glänzende Ding, das du letzte Nacht benützt hast? Du hast es, als du auf die Karte sahst, auf den Boden gelegt – vielleicht hast du vergessen, es wieder aufzuheben?«

Bloch durchsuchte noch einmal alles, dann rief er: »Das hat gerade noch gefehlt! Barbe, warum hast du mich nicht erinnert? Es ist doch deine Aufgabe, zu sehen, daß ich nichts vergesse!«

»Das ist es nicht! Wie ich dich das letzte Mal erinnert habe, bist du mir über den Mund gefahren.« Barbe wandte sich an Iroedh. »Es ist schon komisch mit den Menschen – wann immer die Männer etwas falsch machen, geben sie ihren Frauen die Schuld daran.«

»Ogottogott«, sagte Bloch, »jetzt haben wir die Bescherung! Wenn wenigstens die Sonne schiene, dann könnte ich meine Uhr benützen, um herauszubekommen, wo Norden ist. Oder wenn ich mein Radio hätte, dann könnte ich die *Paris* anpeilen. Aber so! Ich habe nicht die leiseste Idee, wo wir sind und wohin wir gehen!«

»Kannst du nicht die Landkarte zu Hilfe nehmen?« fragte Iroedh.

»Schon, aber schau sie dir an!« Er hielt sie hoch. »Es ist eine Luftbildkarte, aus den von Kang fotografierten Streifen zusammengesetzt. Sie zeigt die Straßen, Flüsse und die Sitze einiger Völker. Aber da wir nicht wissen, wo auf der Karte wir uns befinden, nützt sie gar nichts. Wir können nur sagen, daß wir irgendwo östlich der Hauptstraße sind.«

»Wenn wir auf einen Fluß stießen«, meinte Antis, »könnten wir ihm doch folgen.«

Barbe hob plötzlich den Arm. »Da unten, seht!«

Jenseits des Tales, auf der tieferliegenden Hügelkuppe, waren Gestalten aufgetaucht, eine weit auseinandergezogene Linie, teils durch das Buschwerk verdeckt, teils sichtbar. Obwohl sie noch weit entfernt waren, konnte Iroedh erkennen, daß sie Speere trugen.

»Drauf auf sie!« rief Antis.

»Nein!« Bloch schüttelte den Kopf. »Wenn wir ganz still sitzen, sehen sie uns vielleicht nicht.«

Sie rührten sich nicht. Der erste Drohnentrupp verschwand im Dickicht des Talbodens, doch weitere tauchten auf der Hügelkette auf.

Barbe sagte: »Wenn sie so vorgehen, werden die ersten uns schon erreicht haben, bevor noch die letzten die Kuppe überschritten haben.«

Plötzlich brach bei einem Teil der heranrückenden Drohnen eine Art Tumult aus, Schreien, Herumfuchteln, Waffengeklirre.

»Sie haben uns entdeckt!« rief Iroedh.

Die Drohnen näherten sich nun im Laufschritt, und Bloch schrie: »Los! Nichts wie weg! Und schneid kein Buschwerk ab, Antis, sie haben's sonst gar zu einfach, unserer Spur zu folgen!«

Die vier waren aufgesprungen, hetzten den Hang hinauf und drangen von neuem in den Wald ein.

»Ich frage mich«, japste Barbe, »wie sie – uns diesmal – entdeckt haben!«

Antis antwortete: »Sie sind Jäger – und haben – gute Spurenleser. Und wir haben – viel Buschwerk – ausgehackt.«

Iroedh sagte nichts. Sie hatte lange nichts gegessen und spürte die Schwäche in allen Gliedern, so sparte sie ihren Atem. Wenn es das Terrain erlaubte, liefen sie, sonst gingen sie so rasch als möglich. Einfach vorwärts, weg von der Bedrohung, ohne auf die Richtung zu achten. Manchmal ging Bloch voran, manchmal Antis. Sie trachteten nur, einen möglichst großen Zwischenraum zwischen sich und die Bande zu legen.

Iroedh hatte ihren Helm und Schild weggeworfen (tags zuvor hatte sie sie den toten Drohnen abgenommen), was Antis sehr bekümmerte; während seines Aufenthaltes bei Umwys, so schien es, war er ein Waffen- und Rüstungsexperte geworden, und er bedauerte den Verlust jedes guten Stückes.

Endlich sagte Barbe: »Ich muß – einen Augenblick verschnaufen.«

Doch sie waren noch nicht wieder zu Atem gekommen, als das Geschrei der Verfolger von neuem aufbrandete. Wieder rannten sie los.

Bloch sagte: »Yaedh hat recht gehabt; dieser Wythias hat einen Riesenappetit auf unsere Schießeisen!«

»Klar«, erwiderte Antis, »mit ihnen regiert er den Planeten!«

»Nicht ohne Munition, aber vermutlich weiß er das nicht. Was ist, Barbe, geht's wieder?«

Weiter, immer nur weiter! Iroedh erschien diese Flucht ein nicht enden wollender Alptraum: Laufen, gehen, klettern, stolpern, fallen, wieder aufstehen, Baumstämme, Felsen,

Dickicht – und wieder laufen, weiterstolpern, nur weiter . . . So ging's den ganzen Tag und den größten Teil der Nacht.

Am Nachmittag des nächsten Tages kamen sie an einen Fluß. Bloch schlug vor, ein Stück durch das Wasser zu waten und so die Spur zu verwischen.

So geschah es auch; sie wateten durch das nicht sehr tiefe Wasser, bis der Fluß eine Krümmung machte, die sie wieder in Richtung ihrer Verfolger gebracht hätte. Bloch, der voranging, wandte sich zu den anderen um: »Ich denke, jetzt sollten wir wieder in den Wald – oh!«

Er schien ganz plötzlich zu versinken, der Boden unter ihm gab nach.

»Treibsand!« schrie er gellend. »Schnell, einen Ast oder Stock!« Er riß den Rucksack herunter und warf ihn ans Ufer, dann ließ er seine Waffe folgen.

Iroedh war so erschöpft, daß sie bloß dastand und stumpf zusah, wie Antis ans Ufer watete und nach einem Bäumchen Ausschau hielt, das er umschlagen konnte. Doch hier schien es nur alte Baumriesen zu geben. Antis suchte noch immer, als Barbe auf Händen und Knien über den Sand kroch und sich Bloch vorsichtig näherte. Schon war er bis zur Brust eingesunken.

»Da, fang!« Sie warf ihm ihre Jacke zu, behielt aber einen Ärmel in der Hand. Nach einigen Versuchen konnte Bloch den anderen Ärmel fassen.

Iroedh nahm sich zusammen. Sie kam Barbe zu Hilfe, hielt sie an den Füßen, um zu verhindern, daß sie bei dem Rettungsversuch selbst hineingezogen wurde. Langsam arbeitete sich Bloch heraus, zuerst die Jacke, später Barbes Hand als Halt benützend. Als Antis mit einem Stämmchen auftauchte, war Bloch bereits am Ufer. Er saß auf einem Felsbrocken, kratzte den Schlamm aus seinen Ohren und ließ sich von Barbe küssen und erzählen, wie großartig er gewesen sei.

Iroedh konnte, so sehr sie sich auch anstrengte, nichts mehr von den Verfolgern hören. Bloch meinte: »Wir dürften sie doch abgeschüttelt haben. Wollen sehen, daß wir weiter unten an klares Wasser kommen, so daß wir uns säubern können. Dann wollen wir wieder in den Wald hinein!«

Dem Treibsand ausweichend, fanden sie stromabwärts tatsächlich einen klaren Tümpel, in dem sie sich und ihre Sachen waschen konnten. Iroedh konnte feststellen, daß das sonderbare Tabu der Terraner, sich nicht unbekleidet zu zeigen, hier nicht mehr galt. Oder es galt nur nicht für Gatten. Der eine Terraner wusch sich, der andere hielt Wache. Iroedh konnte nun ihr physiologisches Interesse ungeniert befriedigen; sie sah, was gleich und was verschieden von den Avtini war, und dachte über die Bedeutung dessen nach. Da aber die Ähnlichkeiten überwogen, kam sie zu dem Schluß, daß beide Arten auf denselben Grundlagen basierten.

Und wieder ging's weiter, hinein in die Wälder. Bei Einbruch der Nacht waren alle überzeugt, die Verfolger endlich los zu sein. Der einzige Nachteil war nur, daß sie sich selbst hoffnungslos verirrt hatten.

»Wenn nur endlich einmal die Sonne herauskäme«, meinte Bloch, »dann könnten wir erst nach Norden, dann nach Westen wandern und hätten in einigen Tagen wieder die Straße erreicht ... O *nein!* Es fängt an zu regnen!«

Man hörte die fallenden Tropfen auf dem Blätterdach. »Wie lange regnet es hierzulande?«

Achselzuckend erwiderte Antis: »Vielleicht eine Stunde, vielleicht drei oder vier Tage.«

»Wir haben aber auch *nur* Pech«, meinte Bloch. »Das einzige, was uns noch fehlt, wäre eines eurer Noags, das Appetit auf uns verspürt.«

»Sag das nicht«, erwiderte Antis. »Es gibt Leute, die glauben, daß etwas, über das man so spricht, tatsächlich eintrifft! Außerdem sind hier im Norden die Noags wesentlich größer als in der Umgebung von Elham.«

»Auf alle Fälle wollen wir uns ein Dach bauen«, schlug Bloch vor. »Iroedh, könntest du ein paar Bäumchen umschneiden?«

Iroedh wollte aufstehen, doch zu ihrem Entsetzen versagten ihr die Beine den Dienst.

»Ich kann nicht auf«, sagte sie, »ich bin zu schwach.«

»Dann leih mir deine Machete«, sagte Bloch und begab sich mit Antis in den Wald. Iroedh hörte die Schläge und das Prasseln fallender Bäume, aber sie war so erschöpft, daß es ihr gleichgültig war, ob sie vor dem Regen Schutz fand oder nicht.

Barbe neigte sich über sie. »Das wird langsam ernst, Kleine! Selbst wenn der Regen aufhört, brauchen wir zwei bis drei Tage, bis wir die Straße wieder erreichen – wie willst du da ohne Nahrung durchhalten?«

»Es – es wird schon besser, wenn ich ein bißchen rasten kann. Ich kann bald aufstehen.«

Nach und nach war das Schutzdach fertig geworden; dennoch ließ das Gestrüppdach allenthalben Regen durch, und Iroedh fand, daß dieses Dach nur wenig besser war als gar keins. Bloch, Barbe und Antis teilten den restlichen Thunfisch untereinander auf. Da sie noch immer fürchteten, von den Verfolgern entdeckt zu werden, wagten sie es nicht, ein Feuer zu machen. So verbrachten sie eine lange, kühle und feuchte Nacht.

Es regnete und regnete. Einmal, als Antis seine Flöte zum Vorschein brachte und zu spielen begann, meinte Bloch überrascht: »Du hast doch nicht tatsächlich dieses Ding da mitgeschleppt, während wir um unser Leben rannten?«

Würdevoll erwiderte Antis: »Daktablak, habe ich vielleicht etwas gesagt, als du deinen Mundofen und den ganzen Vorrat an Unkraut mitnahmst, mit dem du ihn heizt?«

Angesichts seiner eben erst frisch in Brand gesetzten Pfeife blieb Bloch nichts übrig, als das Thema zu wechseln.

Es regnete. Es regnete noch einen Tag, noch eine Nacht, noch einen Tag und noch eine Nacht. Dann endlich hob sich ein kühler Wind, strich durch das nasse Laub und ließ die Wolkendecke zerreißen. Bloch stürzte sich auf den ersten Sonnenfleck und begann magische Riten mit Uhr und Messer zu veranstalten. Dann rief er: »Dort ist Norden! Auf geht's!«

Iroedh dachte, die beiden Rasttage müßten ihr neue Kräfte verliehen haben, zumindest auf einige Zeit. Doch das Gehen fiel ihr schwerer, als sie geglaubt hatte, zumal Bloch, jetzt, da er die Richtung kannte, darauf bestand, diese auch genau einzuhalten; das bedeutete, daß man über steile Felsen kletterte und durch schwarze Schlammtümpel watete, in denen allerhand Viehzeug biß und stach, anstatt wie bisher der Richtung des geringsten Widerstandes zu folgen. Sie marschierten den ganzen Tag, kampierten und brachen am nächsten Tag wieder auf.

Den Morgen verbrachten sie damit, eine sumpfige Niederung und eine steile Bergflanke zu überwinden. Oberhalb eines Felssimses fanden sie ein überhängendes Felsenband, das eine zwar niedere, aber große Höhle bildete; in schweigender Übereinkunft ließen sich alle vier erschöpft nieder. Antis nutzte wie immer die Pause dazu, seine und Iroedhs Macheten zu wetzen; Bloch suchte den Himmel mit seinem Fernglas nach dem Hubschrauber ab.

Bloch, dessen untere Gesichtshälfte mittlerweile von einem gelb-braunen Haarpelz bedeckt war, sagte: »Das hier wäre ein besserer Platz gewesen, um die beiden Regentage zu verbringen, aber ich vermute . . .« Er unterbrach sich und wies nach unten: »Was ist denn das?«

Ein Tier war aus dem Wald getreten: Ein zweibeiniger Pflanzenfresser, ähnlich einem Ueg, nur größer. Mit seinen Händen brach es Zweige von den Bäumen und knabberte friedlich die Blätter und Spitzen.

»Das ist ein Pandre-eg, ein wilder Verwandter der Uegs«, sagte Antis. »Töte es, schnell!«

»Ist es gefährlich?« flüsterte Barbe.

»Nein, aber ich bin halb verhungert.«

Der Knall des Schusses ließ Iroedh erschrocken auffahren. Als das Dröhnen in ihren Ohren nachgelassen hatte, sah sie, daß das Pandre-eg zuckend am Boden lag. Bloch sprang den

Abhang hinunter; als er die Beute erreicht hatte, lag sie bereits still.

»Mittagessen!« rief er.

Die andern drei waren ebenfalls abgestiegen und betrachteten das tote Tier.

Bloch sagte: »Es wäre zwar ein schönes Exemplar für meine Sammlung, doch fürchte ich . . .«

»Ach, du!« rief Barbe, »du bist mit deiner Sammlung ja ebenso schlimm wie Antis mit seinen Waffen.«

»Antis, kannst du das Vieh zerlegen?« fragte Bloch.

»Mit Vergnügen. Ich hab's ja bei Umwys gelernt. Es wird uns aber Zeit sparen, wenn du mir das Messer aus dem terranischen Metall borgst. Ach Iroedh, da fällt mir eben ein – weißt du, wie dieser Jägertanz geht, wenn man sein Glück zum Guten wenden will?«

»Ja. Man steckt den Kopf eines Beutetieres auf eine Stange und tanzt nackt acht Mal herum, rückwärts schreitend in der Richtung der Sonnenbahn. Fällt man oder sieht man einen Khalbaum, ist der Zauber verdorben, und man muß neu anfangen.«

»Hier scheint's keine Khalbäume zu geben«, meinte Antis. »Also zieht eure Stiefel aus, wir wollen es versuchen!«

Während Antis den Kopf des Wildes löste, plagte sich Iroedh mit ihren Stiefeln. Sie mußte all ihre Kräfte aufbieten, um sie von den Füßen zu bekommen. Außerdem fühlte sie nicht die geringste Lust, acht Mal um irgend etwas herumzutanzen, zumal sie nicht recht an einen Erfolg glauben konnte. Andererseits wollte sie Antis nur ungern widersprechen.

Bloch hatte ein Tuch auf den Steinen ausgebreitet und war dabei, seine Waffe zu zerlegen. Jeden Teil reinigte er sorgfältig, fettete ihn ein und legte ihn in eine Reihe mit den anderen. Barbe ging Wasser holen, wobei sie Antis' Helm als Eimer benützte.

»Da!« Antis spießte den Kopf des Pandre-eg auf einen Pfahl, den er zurechtgeschnitten hatte. Blut tropfte und lief am Holz entlang.

Bloch sagte: »Euer Ritus scheint mir unlogisch zu sein. Man muß doch annehmen, daß er aus Unglück Glück machen soll, das heißt, er soll den Jäger ein Stück Wild erlegen lassen. Braucht man dazu aber bereits den Kopf eines erlegten Wildes – nun, dann hat der Jäger ja bereits Glück gehabt!«

»Du verstehst eben nichts davon, Daktablak«, meinte Antis. »Es funktioniert immer. Bist du bereit, meine Schöne?«

Mühsam erhob sich Iroedh. »Ich bin so müde, Antis . . .«

»Es dauert doch nur eine Minute. Geh auf diese Seite, ich gehe auf die andere. Bereit?«

Er klatschte in die Hände und hüpfte rückwärts um den Pfahl. Iroedh tat desgleichen. Doch bei der dritten Runde stolperte sie und fiel zu Boden.

»Iroedh!« schrie Antis ärgerlich. »Jetzt hast du's verdorben, und wir müssen von neuem beginnen. Versuche doch, über deine Schulter nach hinten zu gucken. Nimm dich zusammen!«

Sechsmal hatten sie den blutigen Schädel umtanzt, als zwei Pistolenschüsse sie stocken ließen. Barbe kam atemlos angerannt, verfolgt von einem Noag, einem Riesentier, anderthalbmal so groß wie ein Mensch. Den langen Hals vorgestreckt, das Maul halb offen, die klauenbewehrten Hände gespreizt, so stürmte es heran. Sein langer Schwanz war steil aufgerichtet.

»Lauft!« schrie Barbe, als sie die anderen sah.

Bloch war aufgesprungen, die halbzerlegte, nutzlose Waffe in den Händen.

»Hier herauf!« schrie er, »hier können wir uns halten!«

Iroedh versuchte mit letzter Kraft das kurze Stück des felsigen Abhangs zu überwinden. Antis war vor ihr; als er sie taumeln sah, packte er ihren Arm und zog sie hinauf.

Barbes entsetzter Aufschrei ließ Iroedh herumfahren. Der weibliche Mensch hatte den Fuß des Abhanges beinahe erreicht, als sie stolperte und der Länge nach hinfiel. Die Pistole, die sie in der Hand gehalten hatte, polterte über die Steine. In großen Sprüngen kam das Noag heran.

Etwas Braunes flog an Iroedh vorbei. Es war Bloch, Antis' Machete über seinem Kopf schwingend und ein Terranerwort brüllend, das wie ›Mis-bestii! Mis-bestii!‹ klang.

Das Noag war stehengeblieben, um die hilflos am Boden liegende Barbe zu packen; ärgerlich und verblüfft wandte es sich mit einem Knurren nun dem Angreifer entgegen. Die Machete wirbelte in blitzenden Kreisen, die Bestie brüllte auf, als die Klinge zwei ihrer klauenbewehrten Finger kappte und sie am Maul traf. Antis hob Iroedhs Machete vom Boden auf und sprang hinunter, um Bloch zu Hilfe zu kommen. Doch noch bevor er unten war, hatte sich das verletzte, blutende Tier zur Flucht gewandt. Mit einem letzten Hieb schlug ihm Bloch die Schwanzspitze ab. Das Noag verschwand im Wald, sein Heulen wurde immer leiser und verstummte schließlich ganz.

Bloch und Barbe umarmten einander und tauschten terranische Zärtlichkeiten aus. Antis, der die beiden beobachtete, meinte zu Iroedh: »Ich habe Daktablak unterschätzt, als ich dachte, er habe keinen Mut. Eben hat er blitzschnell und gewiß mutig reagiert, meinst du nicht auch?«

Iroedh, die nicht vergessen hatte, wie unsicher, furchtsam und zögernd Bloch in den Auseinandersetzungen mit den Drohnen gewesen war, erwiderte: »Ich glaube, das hängt mit ihrer Art von Liebe zusammen. Erinnerst du dich an den Treibsand? Ihre Liebe läßt sie füreinander Wagnisse eingehen, ungeachtet der Folgen, die sie für andere kaum eingingen.«

Bloch, Barbe und Antis aßen vom Fleisch des Pandre-eg, bis sie nicht mehr konnten. Dann sagte Bloch: »Sollen wir noch eine Weile in der Höhle bleiben, um uns zu erholen, oder wollen wir gleich aufbrechen, damit wir vor Einbruch der Dunkelheit noch möglichst weit kommen?«

Antis war für sofortigen Aufbruch, Barbe wollte noch ein

wenig bleiben und rasten. Als sie Iroedh um ihre Meinung fragten, meinte diese: »Mir ist's egal, denn ich kann auf gar keinen Fall weiter!«

»Warum nicht?« fragte Bloch.

Barbe antwortete: »Das arme Ding ist am Verhungern, deshalb! Schau nur ihre Rippen an; sie hat sechs Tage nichts gegessen und mußte dabei den größten Teil dieser Zeit hier herumklettern.«

»So leid es mir tut«, bekannte Iroedh, »aber so ist es. Ihr anderen marschiert los, wann immer ihr wollt. Ich bin erledigt.«

»Unsinn!« rief Barbe. »Du glaubst doch nicht, wir lassen dich hier einfach liegen und verhungern?«

»Kein Grund, warum ihr mit mir sterben solltet!«

»Ich werde dich auf gar keinen Fall verlassen, meine Schöne«, sagte Antis. »Du bist alles, was ich auf dieser Welt liebe.«

»Wenn du mich liebst, mußt du sehen, dich selbst zu retten. Ich kann nicht weiter, damit müssen wir uns abfinden.«

»Wir könnten dich tragen«, meinte Antis.

»Nein, nicht in dieser wilden Gegend. Vielleicht bin ich tot, bevor ihr die Straße erreicht, und was wäre dann damit gewonnen? Denke, ich bin schon tot, vom Noag getötet zum Beispiel. Und mach uns den Abschied nicht schwerer als nötig.«

Antis schüttelte den Kopf. »Selbst wenn ich wüßte, daß du sterben mußt, bliebe ich bis zum Ende bei dir.«

»Und wartest darauf, daß dich die Drohnenbande erwischt? Sei nicht unvernünftig. Bevor ich's so weit kommen ließe, würde ich mich lieber selbst töten.«

»Wir werden schon aufpassen, daß du nichts Scharfes zur Hand hast!«

»Es gibt andere Mittel. Aber wozu das alles? Du hast um die arme Yaedh kein solches Theater gemacht.«

»Das war etwas anderes«, mischte sich Barbe ins Gespräch. »Sie war gleich tot, und außerdem haben wir für sie nicht das empfunden, was wir für dich empfinden. Du bist wie eine von uns, von uns Terranern, meine ich.«

Bloch sagte: »Es ist doch gar kein Grund vorhanden, Iroedh schon aufzugeben! Sie braucht nichts als ein paar ordentliche Mahlzeiten.«

»Und woher soll ich die bekommen?« fragte nun Iroedh; selbst diese wenigen Worte machten ihr Mühe.

Bloch deutete auf die Reste des Pandre-eg.

»Du weißt doch, daß ich kein Fleisch essen kann«, sagte Iroedh. »Es würde mich vergiften.«

»Hast du je Fleisch gegessen?« fragte Bloch.

»Nein, nie.«

»Hast du je eine avtinische Arbeiterin gekannt, die welches gegessen hat?«

»Nein. Sie hätte nicht so lange gelebt, daß ich sie hätte kennenlernen können.«

»Na also. Wenn du glaubst, du stirbst auf alle Fälle, warum versuchst du es dann nicht? Schlimmstenfalls stirbst du ein wenig eher, im günstigsten Fall aber wird es dir Kraft geben, durchzuhalten.«

»Aber es ist ein so qualvoller Tod!«

»Ich will dir etwas versprechen. Du ißt ein Steak. Und wenn ich sehe, daß du in Todeskrämpfe verfällst, dann töte ich dich mit der Pistole. So rasch, daß du es gar nicht merkst.«

Als Iroedh, von Zweifeln geplagt, diesen Vorschlag überdachte, fuhr Bloch fort: »Schau, du hast doch nichts zu verlieren. Es ist auf alle Fälle besser, meinem Rat zu folgen, als zu warten, bis dich der Teufel holt!«

»Der was?«

»Ach, eine terranische Sagengestalt, so etwas Ähnliches wie dieses Noag. Doch was hältst du von einem Steak?«

Antis sagte: »Ich weiß nicht recht. Eigentlich wäre ich dafür, daß sie das Fleisch versucht – andererseits kann ich gewiß nicht zusehen, wenn du sie kaltblütig umbringst.«

»Nein, Antis«, sagte nun Iroedh mit schwacher Stimme.

»Der Terraner hat recht. Bratet mir ein Stück, ich will's versuchen.«

Einige Minuten später hielt Iroedh eine Scheibe Fleisch zwischen den Fingern und blies darauf, da es heiß war. Zweifelnd drehte sie es um und um.

»Nur Mut!« redete Bloch ihr zu. »Einen ordentlichen Happen!«

Iroedh machte den Mund auf und wieder zu. Es ging nicht, man konnte doch nicht Gift . . . Doch dann nahm sie allen Mut zusammen, schloß die Augen, hielt den Atem an und biß zu.

Die Gewohnheit eines ganzen Lebens ließ sie würgen und stöhnen, aber ihr geschrumpfter Magen enthielt nichts, das sie erbrechen konnte. Sie hielt die Kiefer fest zusammengepreßt, bis sich ihre Kehle beruhigt hatte; dann zwang sie sich, zu kauen.

Erst fand sie den Geschmack abscheulich. Dann war sie sich nicht sicher, ob es ihr schmeckte oder nicht. Es war so ganz *anders* als alles, was sie bisher gegessen hatte. Sie schluckte den ersten Bissen und nahm einen zweiten.

»Gut so!« ermunterte sie Bloch. »Keine Schmerzen?«

»Nein, aber dazu ist's noch zu früh. Es ist nicht so schlecht, wie ich dachte.«

Schweigend sahen sie ihr zu, wie sie das Stück zu Ende aß.

»Wißt ihr«, meinte sie, »ich glaube, ich könnte ein zweites vertragen. Nicht, daß es mir schmeckt, aber ich bin noch immer hungrig und wenn ich sterben muß, kann ich ebensogut mit vollem Magen sterben.«

»Warte ein bißchen«, meinte Bloch. »Wenn du nach dieser langen Hungerperiode zu viel auf einmal ißt, könnte dich das sehr wohl umbringen. Außerdem ist es schon spät geworden, wir können genausogut noch eine Nacht hier verbringen.«

Sie bereiteten das Lager, so gut es ging, und zerlegten das Pandre-eg; die Eingeweide vergruben sie, die eßbaren Teile spießten sie auf Stangen. Antis zeigte auf den Kopf des Tieres, der auf dem Pfosten stak und zu grinsen schien: »Wir haben unseren Glückstanz noch immer nicht beendet, was meinst du?«

Iroedh hob eine Hand. »Liebster, selbst wenn es um Sein oder Nichtsein unserer gesamten Rasse ginge, ich könnte keinen einzigen Schritt tanzen. Wenn du den Tanz schon haben willst, warum fragst du nicht die Terraner?«

»Na gut. Was ist damit, Barbe?«

»Was ist womit?«

Antis erklärte ihr den Glückstanz. Barbe brach in Lachen aus, was Antis sehr verblüffte. Dann sagte sie: »Nun – ich möchte schon, aber ich weiß nicht . . .«

Auf ihren fragenden Blick antwortete Bloch: »Nur zu, mein Schatz! Es gehört doch zu unseren Aufgaben, an ormazdinischen Bräuchen teilzunehmen, wenn sich die Gelegenheit ergibt. Außerdem weiß Antis gewiß nicht, was ein *Voyeur* ist!«

»Was ist das schon wieder?« fragte Antis.

»Ein Terraner mit ganz besonders scharfen Augen. Los jetzt, seine Tanzkunst kann gar nicht schlechter sein als meine.«

Während des Glückstanzes stolperte Barbe zweimal über ihre eigenen Füße und fiel, so daß sich die erschöpft zusehende Iroedh am Ende nicht mehr gar so ungeschickt vorkam.

Bei Sonnenuntergang aßen sie wieder. Iroedh, die die ganze Zeit nach ihrem verbotenen Mahl ihr Innenleben beobachtet hatte, sagte: »Bis jetzt spüre ich noch nichts. Mit mir ist vielleicht etwas nicht in Ordnung, denn sonst müßte ich mich jetzt in Todeskrämpfen winden.«

»Oder etwas ist mit euren Tabus nicht in Ordnung«, gab Bloch zu bedenken. »Willst du noch etwas?«

»Bei Gwyyr, ja!«

Als sie am nächsten Morgen aufbrachen, trugen sie so viel Fleisch, wie sie nur konnten, auf eine lange Stange gespießt, mit sich. Iroedh fühlte sich körperlich besser, doch seelisch war sie völlig verwirrt. Konnten alle Arbeiterinnen straflos Fleisch essen? Warum war dann dieses Verbot überhaupt aufgestellt worden?

Sie wanderten bergab, dem Wald zu; Antis und Bloch trugen die Stange mit den Fleischstücken auf den Schultern, Iroedh machte die Spitze des kleinen Zuges. Ein Schrei und das Geräusch eines Falles ließ sie herumfahren. Barbe war gestürzt, mit blassem Gesicht lag sie da und hielt ihren Fußknöchel umklammert.

»Verstaucht!« sagte sie.

Bloch eilte sofort zu ihr und half ihr, den Schuh auszuziehen. Er betastete den Knöchel, und Barbe schrie »Au!«

Bloch seufzte. »Wir werden wohl noch einen Tag hier verbringen müssen, wenn nicht mehr. Sie kann nicht gehen. Bei unserem nächsten Aufbruch wird sich vermutlich Antis mit seiner Machete schneiden oder ich werde mir die große Zehe wegschießen. Das verdanken wir wohl deinem Glückstanz, Antis!«

»Wer weiß«, erwiderte Antis, »was ohne diesen Tanz alles hätte geschehen können? Sie hätte sich das Bein brechen können, zum Beispiel! Anstatt es bloß zu verstauchen.«

»Bloß verstauchen!« knurrte Barbe mit zusammengebissenen Zähnen.

»Das, mein Freund«, meinte Bloch, »ist eine Frage, die niemand beantworten kann. Nimm doch ihren anderen Arm!«

Sie halfen Barbe den Hang hinauf, zurück zur Höhle, wo sie sich niederließen. Um die Zeit dennoch irgendwie zu nützen, bat Bloch Iroedh, ihm von ihrer Welt zu erzählen. Barbe stenografierte mit, und als ihr Notizblock voll war, fand Antis einen Vakhvilbaum, der ihm so viel Rinde lieferte, daß Barbe auf lange Zeit hinaus mit Schreibmaterial versorgt war. Iroedh, die nun regelmäßige Mahlzeiten zu sich nahm, wurde rasch kräftiger.

Barbes Verstauchung war jedoch schlimmer als erwartet. Ihr Knöchel war auf das Doppelte angeschwollen und spielte in allen Farben von Grün bis Purpur. Bloch sagte: »Kann sein, wir müssen eine ganze Woche hier bleiben; das Pandre-eg wird aber demnächst anfangen zu stinken. Wir sollten wieder auf die Jagd gehen!«

Gemeinsam mit Antis brach er auf.

Sechs Tage später. Iroedh saß vor der Höhle und sah Barbe zu, die vorsichtig ihren verletzten Fuß aufzusetzen versuchte. Die Männer waren auf der Jagd. Iroedh hätte gerne jemand um Rat gefragt, wußte aber nicht, wen und wie. Der Offizier für persönliche Angelegenheiten in Elham, die geeignete Person in ihrem Fall, war weit, weit weg. Da waren zunächst einmal diese sonderbaren Träume, die sie hatte, zum Beispiel von der Gedenksäule in den Ruinen von Khinam, die ihr ganz und gar nicht wie eine Säule vorgekommen war – man konnte das doch niemandem erzählen! Und dann hatte sie immer so ein sonderbares Gefühl – war es Ärger? – wenn Antis damit prahlte, wie perfekt und sachverständig er seine Funktion als Königin Intars Drohne erfüllt hatte. Und schließlich bemerkte sie noch anderes, an ihr selbst, das völlig unglaublich war.

Barbe, die ein paar Schritte gehumpelt war, sagte: »Ich hoffe, wenn ich noch ein bißchen übe, können wir vielleicht morgen aufbrechen. Oder übermorgen.«

»Die Schwellung ist kaum mehr zu sehen.« Iroedh schluckte. »Und da wir von Schwellung reden . . .«

»Ja Liebes?«

»Ach, ich weiß nicht, wo ich anfangen soll, aber als weibliches Wesen wirst du es vielleicht verstehen . . .«

»Was verstehen?«

»Nun, seitdem ich Fleisch esse, habe ich die sonderbarsten Empfindungen.«

»Welche denn?«

»Ach – zum Beispiel habe ich so eine Spannung, einen

Druck auf der Brust, und wenn ich mich ansehe, könnte ich schwören, meine Brüste sind gewachsen, wie die eines funktionsfähigen Weibchens. Bilde ich mir das nur ein?«

Barbe sah sie scharf an. »Nein, keine Einbildung. Du bist tatsächlich voller geworden!«

»Und ich habe auch in meinem Innern so sonderbare Gefühle, als würden auch andere Organe wachsen.«

»Bitte, dreh dich mal um! Ich kann zwar nicht in dich hineinsehen, aber deine Hüften scheinen tatsächlich breiter geworden zu sein.«

»Was soll ich denn nur tun?«

»Was meinst du damit? Es ist doch alles in Ordnung so!«

»Aber ich kann mich doch nicht in ein Weibchen verwandeln!«

»Und warum nicht?«

»Man hat nie von so etwas gehört! Ich wäre ein Monster!«

»Wenn es dein Schicksal ist, ein Monster zu werden, dann finde dich doch damit ab und genieße es!«

»Es muß das Fleisch sein. Aber wenn ich aufhöre, zu essen, sterbe ich doch!«

»Eben. Und das wäre gewiß die schlimmere Möglichkeit. Glaube mir, es ist alles in bester Ordnung, und wir haben dich alle gern, so oder so.«

Als Bloch und Antis mit einem erlegten Leipag zur Höhle zurückkehrten, berichtete Barbe von ihrem Gespräch mit Iroedh.

Bloch lachte. »Tolle Sache! Das tollste, seit sich Antis auf das Dhug gesetzt hat und wir die Stacheln aus seinem Hinterteil zupfen mußten!«

»Weißt du, Liebste«, sagte Antis, »ich fühlte, daß etwas mit dir vorging. Was aber ist schuld an dieser Änderung, Daktablak?«

Bloch zündete seine Pfeife an, bevor er antwortete. »Ihr wißt wohl nichts von Hormonen; nun, das sind Stoffe in eurem Blut, die bewirken, daß ihr wachst und euch in verschiedenen Richtungen entwickelt. Zumindest nehme ich an, daß ihr sie ebenso wie wir in euch habt; die Körperchemie scheint bei unseren Rassen ziemlich ähnlich zu sein.

Eine Gruppe von Hormonen kontrolliert die Entwicklung der Geschlechtsmerkmale, und es scheint, daß bei den Avtini die Drüsen, die diese Hormone produzieren, eine Fleischdiät brauchen, um zu funktionieren. So verfüttern die Arbeiterinnen Fleisch an die Drohnen und Königinnen und keines an jene, die sich zu Arbeiterinnen entwickeln sollen. Es ist wie bei den Bienen auf der Erde, die gewisse Larven . . .« – er mußte unterbrechen, um zu erklären, was Bienen und Larven waren, – »die also gewisse Larven mit einem eigenen Futter ernähren, man nennt es Gelee Royal, und dieses Futter bewirkt, daß sich die Larven zu Königinnen entwickeln.«

Antis fragte: »Bedeutet das, daß eine rein pflanzlich ernährte Drohne sich auch zu einer geschlechtsneutralen Arbeiterin entwickeln würde?«

»Ich weiß es nicht«, sagte Bloch, doch Barbe warf ein: »Erinnerst du dich nicht an diesen Besucher von Khwiem, der uns erzählte, das Volk der Arsuuni würde neutral-männliche avtinische Sklaven den neutral-weiblichen vorziehen? Wir dachten, sie würden Drohnen kastrieren, aber es kann doch auch so sein, daß sie einfach Drohnenbabys mit fleischloser Diät großziehen!«

»Vermutlich, ja.«

Antis fragte: »*Müssen* also Drohnen und Königinnen eine rein fleischliche Nahrung zu sich nehmen? Oder könnten sie auch, wie ihr es tut, gemischte Kost essen?«

»Das kannst du ja selbst versuchen, indem du auch pflanzliche Nahrung zu dir nimmst – ich habe keine Ahnung, wie das Ergebnis sein wird. Wenn ich aber bedenke, wie abnorm viele Eier eure Königinnen legen, nehme ich an, sie sind infolge der einseitigen Fleischkost sexuell überentwickelt. Was die Herren betrifft, bin ich überfragt, ich kann nicht mal raten!«

»Aber was wird mit mir geschehen?« jammerte Iroedh.

Bloch blies einen Rauchring. »Nun, meine Liebe, du wirst von Tag zu Tag hübscher werden und neue Erfahrungen sammeln und dich ihrer freuen!«

»Dann wird auf Niond kein Platz mehr für mich sein. Glaubst du, Kapitän Subbarau würde Antis und mich in seine Besatzung aufnehmen?«

»Nein, ausgeschlossen. Die I.C.-Vorschriften untersagen es, Bewohner von Planeten der Klasse H von ihren Heimatwelten wegzubringen. Aber du wirst sehen, es wird auch hier alles gut gehen. Komisch, ich erinnere mich, vor langer Zeit die Geschichte einer jungen Dame namens Alice gelesen zu haben; sie sprang über einen Bach und wurde dadurch zur Königin. Nun erlebe ich den einmaligen Fall, daß eine zur Königin wird, indem sie dreimal am Tag Steak ißt!«

IX

Das Orakel

Wieder waren sie unterwegs. Sie kampierten an einem kleinen Fluß und aßen von dem Fleisch, das sie von der Höhle mitgebracht hatten.

»Ich frage mich«, sagte Bloch, »wie eine so große Bande wie die des Wythias es mit der Ernährung hält. Die Jagd scheint mir in diesen Landesteilen nicht ergiebig genug zu sein, um so viele Leute zu verpflegen.«

»Ich habe gehört«, erwiderte Antis, »daß Wythias nordwestlich von Ledhwid eigenes Land besitzt und dort Nahrung für die Bande produziert.«

»Wenn er all seine Briganten mit Steaks füttert, dann braucht er eine verdammt große Ranch. Ob er nicht am Ende, ungeachtet aller Tabus, seine Truppe mit gemischter Kost verpflegt?«

»Warum glaubst du das?«

»Weil man von einer gegebenen Fläche wesentlich mehr Kalorien ernten kann, wenn man die Feldfrüchte selbst ißt, anstatt sie an Tiere zu verfüttern und dann die Tiere zu essen . . .« Iroedh, die an den letzten Bissen ihres Bratens kaute, hörte kaum, was die anderen sprachen. Sie hatte genug mit ihren eigenen Problemen zu tun.

Da war zunächst ihr Körper, dessen sichtbare Veränderungen ihr ganz und gar nicht paßten. Wenn sie lief, hüpften ihre Brüste, und sie war überzeugt, daß die Verbreiterung der Hüften ihre Beweglichkeit beeinträchtigte. Erst hatte sie geglaubt, diese Verbreiterung sei nur eine Fettanlagerung, doch nun schien es ihr, als ob sich die Knochen irgendwie auseinanderschöben. Der neutral-weibliche Körper einer avtinischen Arbeiterin war auf optimale Funktion ausgelegt, mit einem Minimum an verletzlichen Teilen; und nun hatte sie diesen schrecklichen Busen . . .

Dann war da auch Antis mit seinem sonderbaren Benehmen. Wenn er sich unbeobachtet glaubte, starrte er sie an, so eigenartig . . . Von Zeit zu Zeit ertappte sie ihn dabei, dann sah er sogleich woanders hin und gab vor, die ganze Zeit etwas anderes beobachtet zu haben. Andererseits legte er eine sonderbare Zurückhaltung an den Tag: so etwa wollte er nicht mehr mit ihr zusammen schlafen, mit der fadenscheinigen Begründung, er schliefe sonst zu wenig . . .

Was um alles auf Niond war in den armen Kerl gefahren? Iroedh selbst liebte ihn mehr denn je und wollte ihm immer nahe sein. Sie beobachtete an sich die Entwicklung einer besitzergreifenden gefühlsbetonten Zärtlichkeit, in deren Mittelpunkt Antis stand; es war fast so, wie in der Geschichte vom *›Girl of the Limberlost‹* beschrieben wurde.

Alles war so sonderbar. Warum geschah dies mit ihr, ausgerechnet mit ihr? In den alten Zeiten hatte man einem neidischen oder eifersüchtigen Gott die Schuld gegeben, wenn einen unverdientes Pech verfolgte, aber schon seit vielen Generationen hatte niemand mehr die Götter ernst genommen. Man sprach vom Zufall, von den Launen des Glücks. Doch was war denn, genaugenommen, der blinde Zufall anderes als ein Ersatz für einen Gott, dem man die Schuld geben konnte, wenn einem die Schicksalsschläge zu hart vorkamen?

»He, Iroedh!« rief Bloch, »du solltest jetzt schlafen gehen, du hast die dritte Wache!«

Iroedh nahm sich zusammen. »Antis . . .?«

Antis machte ein finsteres Gesicht. »Wenn du nichts dagegen hast . . .«, murmelte er und deutete aufs offene Land hinaus.

»Aber warum denn? Es ist kalt und einsam. Bist du böse auf mich? Was habe ich denn getan?«

»Ganz im Gegenteil . . .« Antis wand sich vor Verlegenheit, schließlich brach es aus ihm heraus: »Du vergißt, daß du jetzt eine Königin bist, Iroedh!«

»O nein, noch nicht!«

»Nun, dann eine Prinzessin. Ein funktionstüchtiges Weibchen. Wir sollten dich ja jetzt ›Iroer‹ nennen, wären wir an deinen alten Namen nicht schon so gewöhnt.«

»Und was macht das aus? Liebst du mich deswegen nicht mehr?«

»Unsinn. Aber siehst du denn nicht, daß ich ein funktionstüchtiger Mann bin? Und wenn ich nicht wie ein Mann . . .«

»Warum denn nicht?« fragte sie unschuldig.

»Du meinst . . . du meinst mit *dir*?«

»Natürlich, du Dummer. Du prahlst ja genug herum über dich und die blöde alte Intar. Bin ich weniger anziehend als sie?«

»Ach Liebste, da ist doch gar kein Vergleich möglich. Aber, damals . . . nun, ich handelte auf Befehl. Ich weiß gar nicht, wie man in so einem Fall die Initiative ergreift. Ich weiß nicht, was ich tun soll. Wenn du bloß irgendeine alte Königin wärst, dann . . . Aber du bist Iroedh, zu dir habe ich immer aufgesehen wie zu einer der alten Göttinnen. Du bist viel intelligenter als ich . . .«

»Aber nein, ich . . .«

»Widersprich nicht!« knurrte er.

Iroedh war überrascht durch seine Heftigkeit und die Tatsache, daß es ihr kaum etwas ausmachte, bevormundet zu werden; wie ganz anders hätte sie vorher darauf reagiert (die verwünschte Diät!).

Antis sah sie scharf an und fuhr fort: »Bedeutet das also, daß du dir nun einen Harem von Drohnen zulegen wirst wie die anderen Königinnen?«

»Ich weiß nicht, daran hab' ich noch gar nicht gedacht. Vielleicht. Warum, hast du etwas dagegen?«

»Und ob ich etwas dagegen habe! Du gehörst mir, weil . . . weil ich dich entdeckt habe. Ich hab' genug davon, meine Königin mit einem Dutzend anderer zu teilen. Erwische ich einen anderen Drohnenmann dabei, daß er dich auch nur ansieht, komme ich über ihn wie König Aithles in der Idhios-Saga!«

»Bist du sicher, die Bedürfnisse eines geschlechtsreifen Weibchens befriedigen zu können? Ganz allein? Normalerweise teilen sich doch zwölf oder sechzehn Drohnen in die Aufgabe!«

»Ich bin sicher. Ich könnte nicht nur dich allein befriedigen, sondern zwei oder drei Weibchen. Wenn ein paar zur Hand wären . . .«

»Das mag ich! Auf der einen Seite willst du, daß ich außer dir keinen anderen Drohnenmann ansehe, du aber möchtest jede Königin, die dir unterkommt, befruchten!«

»Meinst du, ich sollte nicht?«

»Ich weiß nicht, ob du sollst oder nicht, ich weiß nur, daß es mich unglücklich machen würde. Ebenso, wie es dich kränken würde, wenn ich mir andere Drohnen hielte!«

Antis kaute an einem Grashalm und starrte ins Feuer. Nach einer Weile sagte er: »Ich denke, wir sollten ein festes Übereinkommen treffen, so etwas vielleicht wie das Gelübde, das wir Drohnen ablegen, wenn wir erwachsen geworden sind. Die Terraner haben auch so etwas für ihre männlich-weibliche Paarbildung; es scheint zu funktionieren, und sie haben vermutlich lange Erfahrung damit. Und nach dem, was du mir erzähltest, hatten unsere Vorfahren dereinst auch so ein System, vor den Reformen von Danoakor und den anderen. Aber das ist vergangen und vergessen, und wir müssen von vorne beginnen. Vielleicht können uns unsere Terranerfreunde einen Rat geben!«

»Ich wollte gerade denselben Vorschlag machen. – Daktablak!«

»Ja, was ist?«

Nun erklärten ihm Antis und Iroedh ihre Pläne und Schwierigkeiten. Bloch fuhr sich mit den Fingern durch sein Bartgestrüpp.

»Mein Gott, ihr zwei wollt mir doch nicht erzählen, daß ihr euch liebt, daß ihr die wunderbare, schreckliche, terranische Art der Liebe kennengelernt habt?«

»Es sieht ganz so aus«, meinte Antis, »soweit wir dies beurteilen können. Mir jedenfalls kommt's vor, als würde ich inwendig brennen.«

»Dich hat's erwischt«, lachte Bloch. »Wenn nur Mrs. Porter wüßte, was ihr sentimentaler Schinken für eine Wirkung auf eine Kultur hat, die acht Lichtjahre entfernt und drei Jahrhunderte nach ihrer Zeit . . .«

»Aber was sollen wir *tun*?«

»Nun ja, ihr werdet natürlich . . . das heißt . . . wie soll ich das denn wissen? Was wollt ihr denn tun?«

Nun ergriff Iroedh das Wort: »Wir möchten so sein, wie du und Barbe!«

»Und was hindert euch daran? Ich meine, ihr wißt doch, wie das . . .«

Antis unterbrach: »Daktablak, du verstehst nicht. Eure terranische Art der Paarbildung ist doch nicht nur ein rein animalischer Akt, sondern eine Institution. Wir haben aber keine solche auf Niond, doch wir hätten gern eine. Wenn wir mit einer neuen Form des Zusammenlebens beginnen wollen, dann möchten wir es richtig machen, und da wir kein besseres Modell kennen als das eure, wollen wir euer System übernehmen.«

»Euer Vertrauen in terranische Einrichtungen ist zwar schmeichelhaft, meine Freunde, aber ich kann nur hoffen, daß ihr da keinen zu großen Fehler macht. Wenn ich recht verstanden habe, wollt ihr, daß ich für euch die Institution der Ehe, für die ganze Rasse gültig, festlege. Ein Wahnsinn, aber bitte. Habt ihr euch aber auch überlegt, daß eure Spezies von der unseren verschieden ist, daß eure Kultur sehr stark abweicht, und auch sonst viele Unterschiede bestehen? Daß also ein System, das bei uns so leidlich funktioniert, bei euch vielleicht ganz anders aussehen sollte?«

Iroedh erwiderte:

»Wir müssen doch irgendwo anfangen, und wenn wir Fehler machen, können wir sie korrigieren, wenn es soweit ist!«

»Sollten wir vielleicht nicht noch ein paar Tage warten, bis wir das Orakel befragen können? Vielleicht habt ihr dann auch klarere Vorstellungen . . .«

Nun mischte sich Barbe ins Gespräch: »Winston, hör doch endlich auf, nach Ausreden zu suchen. Du weißt nur zu gut, daß du selbst dieses alte Orakel nicht ernst nimmst. Außerdem können wir in ein paar Tagen alle tot sein.«

»Ich wollte nur sicher sein, daß die beiden . . .«

»*Ils y ont mûrement réfléchi*. Los, traue sie schon!«

Bloch seufzte. »Offensichtlich bin ich also zum Friedensrichter des Planeten Ormazd gewählt. Es mag gesetzlich ungültig und soziologisch falsch sein, aber ihr drei habt mich überstimmt. Also, Antis, wie schwört ihr Avtini, wenn ihr einer Beteuerung Gewicht verleihen wollt?«

»Man schwört auf sein Volk, aber wir haben keins . . .«

»Warte«, sagte Iroedh, »es gibt doch noch eine alte Eidesformel, man schwor damals bei den Göttern Dhiis und Tiwinos und Eunmar und Gwyyr und allen übrigen. Es gab bis vor ein paar Jahren noch etliche konservative Völker, die auf die Götter schworen, obgleich niemand mehr an sie glaubte.«

»Wir können diese Formel benützen«, sagte Bloch. »Auf der Erde ist das Eheversprechen so, daß es ausschließlich für den jeweiligen Partner und (zumindest theoretisch) für das ganze Leben gilt. Manchmal wird allerdings . . .«

»Ach, wir wollen es für das ganze Leben«, rief Antis. »Nicht wahr, Liebste?«

»J-ja«, erwiderte Iroedh, »obwohl – vielleicht – vielleicht mit dem Vorbehalt, daß, wenn die Fruchtbarkeit des Drohnenmannes oder andere . . .«

»Hör zu«, knurrte Bloch. »Wenn ich schon, keinesfalls freiwillig, ein Ehesystem für euch schaffen soll, dann will ich verdammt sein, wenn ich mich auch noch dazu breitschlagen lasse, ein Scheidungsrecht zu formulieren. Das macht euch gefälligst selber. Barbe, was sagst du dazu? Erinnerst du dich noch an die Formel, mit der Subbarau uns beide traute?«

Iroedh sagte nichts mehr, ihre Zweifel waren allerdings noch nicht behoben.

Nach einer Weile hatten die Terraner die Eidesformel beisammen, und Bloch sagte: »Sprecht mir nach: Ich, Antis von Elham, ein funktionstüchtiger Mann, nehme dich, Iroedh von Elham, eine funktionstüchtige Frau, zur alleinigen Gattin für alle Zeit . . .«

». . . das Komische ist«, sagte Iroedh zu Barbe einige Tage später, »daß jetzt Antis alle Entscheidungen trifft, wo ich doch früher diese Rolle innehatte. Natürlich weiß ich mehr von der Welt als er, und er ist sich dessen auch bewußt, so daß wir eine Art Spiel machen. Ich schlage etwas vor, aber nur so beiläufig, daß es nicht nach Kommandieren klingt – worauf er brummt, er wird sich's überlegen. Am nächsten Tag kommt er damit heraus: »Liebste, ich habe eine wunderbare Idee!« und wiederholt meinen Vorschlag, meist sogar in den Worten, die ich tags zuvor gebraucht habe. Ist das nicht lustig?«

»Mir kommt's nicht ganz so lustig vor wie dir«, erwiderte Barbe. »Aber so im großen und ganzen gefällt dir unser Partnersystem?«

Iroedh machte ein paar Schritte eines Rundtanzes. »Gefallen? Ich find's wunderbar! Ich habe sogar schon den Gedanken an einen Drohnenharem aufgegeben, obwohl man noch nicht viel über Antis' Fruchtbarkeit sagen kann, aber ich bin sicher, daß es keinen anderen gibt, mit dem es mir so viel Spaß macht.«

»Winston würde sagen, das sei zwar kein wissenschaftlicher Standpunkt, aber oft ist ein unwissenschaftlicher besser.«

»Natürlich«, fuhr Iroedh fort, »jetzt, da ich Antis besser kenne, weiß ich, daß er neben seinen Vorzügen auch Fehler hat. Er ist eigensinnig, reizbar, manchmal auch rücksichtslos, und oft wichtigtuerisch, wenn er seine Würde in Gefahr glaubt. Aber er ist ehrlich, tapfer und hat Humor, und so bewundere ich ihn.«

»Ach, alle Männer haben Fehler. Der meine, zum Beispiel, ist gescheit wie nur irgendwer, aber im Grunde schwach und hat gelegentlich Depressionen, dann ist er zu nichts zu gebrauchen.«

»Tatsächlich? Das ist mir noch gar nicht aufgefallen.«

»Andere bemerken so etwas auch nicht. Die Männer verbergen ihre Schwächen vor allen, außer vor ihren Frauen. Aber wenn wir auf den vollkommenen Mann warten wollten, wären wir alt und grau, bevor . . . *Allô*, was ist denn das?«

Unvermittelt hatten sie die Straße nach Ledhwid erreicht, zwar einen Tag später als erwartet, aber immerhin. Sie marschierten nun nach Norden, viele Stunden lang; die Reste ihrer Habe trugen sie zu Bündeln verschnürt an Stöcken über der Schulter. Obgleich es nur eine Schotterstraße war, schien es Iroedh doch eine große Erleichterung, verglichen mit dem Querfeldeinmarsch durch das wilde Land. Die Hügel waren steiler geworden und schienen weniger dicht bewaldet. Nun mündete die Straße in eine Schlucht, es mußte die Schlucht von Hwead sein, von der Iroedh schon gehört hatte; nun konnte es nicht mehr weit bis Ledhwid sein.

Der Grund für Barbes Ausruf war eine neben der Straße liegende Leiche, besser gesagt, ein Skelett. Aber es war nicht das einzige, da lagen noch mehr, hinter den Büschen und Felsbrocken. Sie mußten schon ziemlich lange hier gelegen haben, denn die Aasfresser hatten genug Zeit gehabt, um die Gerippe abzunagen, so daß kaum mehr ein Verwesungsgeruch wahrzunehmen war; aber sie lagen auch noch nicht zu lange hier, so daß sich noch Haut- und Stoffetzen fanden und gelegentlich eine zerbrochene Waffe.

»Iroedh!« rief Bloch. »Bitte komm einmal her und schau, ob du dies da erkennst!«

Zwischen den Felstrümmern lagen Küraß und Helm unter den verstreuten Knochen; beide waren verbeult und matt, aber noch nicht so stark korrodiert, daß man die Embleme nicht mehr erkannt hätte. Iroedh untersuchte diese und die Schädelknochen.

»An den Zähnen sieht man's: das hier ist eine avtinische Arbeiterin, der Helm weist auf eine aus Khwiem hin.« Sie ging von einem Skelett zum anderen. »Scheinen lauter avtinische Arbeiterinnen gewesen zu sein, von nördlichen Völkern; hier eine Drohne, auch ein Avtin. Ich dachte erst, das könnte ein Massaker durch ein arsuunisches Kriegskorps gewesen sein, doch nach den Überresten und Waffen zu urteilen, war's ein Überfall avtinischer abtrünniger Drohnen auf Arbeiterinnen aus verschiedenen Völkern. Vielleicht war's die Wythias-Bande. Als ich Elham verließ, hatte uns noch keine Nachricht von diesem Kampf erreicht, aber hierzulande verbreiten sich Neuigkeiten langsam.«

Bloch erwiderte: »Eure Art zu leben ist schuld daran: diese abgeschlossenen Zellen. Ich würde zu gerne eines dieser Skelette mitnehmen, hab' schon immer eines haben wollen!«

Barbe schrie auf. »Nein! Du wirst doch jetzt nicht anfangen, Knochen zu sammeln!«

»N – nein, ich meine, ich würde, wenn wir ein Transportmittel hätten. Ich will nur diesen einen Schädel da mitnehmen, ich kann ihn unterwegs studieren.«

Er sprang von Felsblock zu Felsblock zur Straße zurück, in der einen Hand den grinsenden Totenschädel. Dann brachen alle wieder auf.

»Was willst du nur mit diesen alten Knochen anfangen?« fragte Iroedh.

Bloch antwortete: »Ich möchte herausbekommen, wie die Lebensformen auf Niond beschaffen sind und wie sie sich entwickelten.«

»Wie sie *was* taten?«

»Sich entwickeln.« Bloch gab einen kurzen Überblick über die Evolutionstheorie.

»Bei Gwyyr, im Kinderhort lernten wir etwas ganz anderes! Man sagte uns, die Welt wäre aus einem Ei ausgebrütet worden.«

»Du kannst glauben, was du willst«, sagte Bloch. »Aber

kennst du vielleicht eine Stelle, wo man Knochen in Fels oder Erde finden kann?«

»Ja; in Thidhem gibt's einen von Wind und Wetter halb abgetragenen Steinbruch, dort sind solche Knochen. Willst du solche Sachen haben?«

»Gewiß, gerne. Wir brauchen solche Knochen, Fossilien sagen wir dazu, um herauszubekommen, wie sich eine Rasse von eierlegenden Säugetieren zu Organismen entwickeln konnte, die uns so sehr ähneln.«

Barbe bemerkte: »Mir erscheint das nicht so seltsam, wir haben doch auf Krishna etwas Ähnliches entdeckt, und auf der Erde haben wir das Schnabeltier . . . Diese Straße hier scheint aber sehr selten benützt zu werden; wir haben niemanden gesehen, außer diesen einen Wagen, der uns vor einer Stunde überholt hat.«

»Wythias' Bande ist schuld daran«, erklärte Antis. »Solange die sich herumtreiben, bleiben alle anderen zu Hause.«

Im Inneren der Schlucht von Hwead, wo sich die Felswände beiderseits der Straße auftürmten, waren alle ein wenig nervös. Bloch meinte, es sei ein guter Platz, um von oben Steine auf die unten Wandernden zu werfen. Plötzlich blieb er lauschend stehen. »Was ist das? Es klingt wie Glocken!«

Iroedh horchte auch. »Es sind Glocken, die Glocken von Ledhwid! Sie hängen an den Ästen im heiligen Hain, und der Wind läutet sie. Das Orakel weissagt aus dem Geläut.«

Die Schlucht verbreiterte und öffnete sich und gab den Blick frei auf den Hügel von Ledhwid, auf dessen Kuppe riesige, uralte Bäume standen: der heilige Hain. Vor den Bäumen, am Ende des sich steil hinaufwindenden Weges lag ein Tempel aus durchscheinenden blauen Steinen; er wirkte massiv und zart zugleich.

»Mein Gott!« rief Bloch. »Wer immer das gebaut hat, hat sein Handwerk verstanden. Wenn wir bloß nicht unsere Kamera diesem Wythias überlassen hätten.«

»Unsere Vorfahren haben solche Dinge gebaut«, meinte

Iroedh. »Vielleicht können wir es wieder lernen, wenn es Antis und mir gelingt, ein Volk zu gründen, das so lebt wie die Leute damals.« Von dem Klingen der Glocken begleitet, stiegen sie den Weg hinauf; die Steigung ließ sie rascher atmen. Iroedh sah schnaufend an sich hinunter und empfand Abschau vor ihrer Gestalt und dem Gewicht, das sie nun wohl hatte. Doch dann dachte sie daran, daß ohne all das sie und Antis niemals vereint worden wären, und das war jede Menge an hinderlichen weiblichen Organen wert.

Die gesamte Hügelkuppe war von einer Steinmauer umschlossen; ein Tor an der Frontseite gestattete den Besuchern den Eintritt. Vor dem Tempel stand eine einzige avtinische Arbeiterin Wache; sie war prächtig geschmückt, Iroedh hatte solchen Glanz nicht einmal an einer Königin gesehen. Küraß und Helm schienen aus Gold zu sein, den unteren Rand des Helms bildete ein Ring aus funkelnden Edelsteinen, mit einem großen geschliffenen Stein in der Mitte, ähnlich dem Stein an Barbes Verlobungsring.

»Ich grüße dich, Schwester«, begann Bloch, »ich wüßte gerne, ob . . .«

»Ihr werdet erwartet«, sagte die Wache. »Garnedh! Begleite diese beiden Besucher einer anderen Rasse zum Orakel. Sofort! Ihr beiden« – sie wies auf die Avtini – »müßt eure Fragen auf die übliche Art übermitteln.«

»Aber sie gehören zu mir . . .«, versuchte Bloch zu verhandeln.

»Tut mir leid, ich habe meine Befehle. Garnedh wird euch führen.«

Die andere Wache, die aus dem Schatten des Tempelinneren getreten war, führte Bloch und Barbe hinein. Iroedh, die sich recht verloren vorkam, setzte sich auf die Stufen; Antis lehnte sich an eine Säule und begann auf seiner Flöte ein altes terranisches Lied zu spielen, das Bloch ihn gelehrt hatte.

»Antis«, sagte Iroedh, »was ist die ›übliche Form‹, in der Fragen gestellt werden sollen?«

»Ich kann dir das sagen«, meinte die Wächterin. »Schreibe

deine Frage auf diesen Block hier, gib Namen und Volk an und dein Angebot; wir leiten es dann weiter.«

»Mein Angebot?«

»Gewiß. Du glaubst doch nicht, daß eine Institution wie diese von Luft leben kann, nicht wahr?«

Iroedh sah Antis fragend an. »Ich habe nichts zu bieten, Liebster.«

»Ich auch nicht.«

»Und was ist mit deiner schönen Rüstung?« Iroedh wandte sich der Wächterin zu. »Würde sein Helm angenommen werden?«

»Gewiß«, erwiderte diese.

Doch Antis war nicht einverstanden. »He, was denkt ihr denn, ich kann auf meine Rüstung nicht verzichten! Es kann doch zu einem Kampf kommen!«

»Und wie sollen wir dann eine Frage stellen?«

»Wir brauchen keine. Wir wissen ebensogut wie das Orakel, was gut für uns ist.«

Nun mischte sich wieder die Wache ins Gespräch. »Es gibt noch eine andere Möglichkeit; ihr schreibt einen Bericht über euer Volk als Gegengabe. In einigen tausend Wörtern erzählt ihr von allen Ereignissen und berichtet auch Neuigkeiten, die ihr unterwegs erfahren habt, vielleicht akzeptiert es der Meister.« Die Wächterin senkte die Stimme zu vertraulichem Flüstern: »Meine Liebe, ich will ja nicht neugierig sein, aber du bist doch eine Königin, nicht?«

»Gewissermaßen, ja.«

»Solange ich hier im Dienst bin, habe ich so etwas nicht erlebt. Bist du vor der Zerstörung durch die Arsuuni geflohen, oder was?«

»Nein. Ich war früher eine Arbeiterin.«

»Unmöglich! Oder soll ich sagen, ein Wunder? Darf ich deine Bekanntschaft machen, Königin? Ich bin Ystalverdh von Thidhem.«

»Und ich bin Iroedh von Elham – oder war es. Und das ist Antis von Elham.«

»Wie bist du ein Weibchen geworden? Und was sind diese Fremden von Gliid – sind die Götter auf Niond zurückgekehrt? Und wo ist Yaedh?«

Iroedh berichtete gerade über Yaedhs Tod, als eine andere Priesterin in ihrem Wagen die Straße heraufgehetzt kam und hinter dem Tempel verschwand. Wenige Sekunden danach kam die Priesterin zurück.

»Ystalverdh!« schrie sie, »rasch, verständige den Meister! Wythias marschiert auf Ledhwid zu, er sucht nach zwei Fremden einer anderen Rasse!«

»Das müssen die beiden sein, die eben angekommen sind«, sagte Ystalverdh, »Yaedh war ausgesandt worden, sie zu holen. Garnedh!«

Die andere Wächterin kam eben heraus. Die Priesterin übermittelte auch ihr die Botschaft, und die andere sagte: »Der Meister wünscht die beiden Avtini zu sehen!«

»Eine Überraschung nach der anderen! Er läßt doch *nie* sein Angesicht von gewöhnlichen Besuchern sehen.« Ystalverdh schüttelte den Kopf. »Aber geht nur hinein!«

Garnedh führte die beiden in eine Vorhalle, dann in das Tempelinnere; in der Mitte stand ein rauchender Altar, an den Wänden goldene Statuen der alten Götter. Von dort aus führte sie sie durch ein von einem Vorhang verdecktes Portal auf die andere Seite. Als Iroedh den Vorhang passierte, roch sie den vertrauten Duft von Blochs Pfeifentabak.

Sie kamen in einen stark überheizten kleinen Raum. Bloch saß auf einem Kissen am Boden, den Rücken zum Eingang gekehrt; als er die Schritte hörte, sprang er auf. Barbe blieb auf ihrem Kissen sitzen, ebenso der dritte in diesem Raum.

Dieser dritte war ein rundliches Wesen (stehend hätte es Iroedh kaum bis zur Hüfte gereicht), das über und über mit einem grauen Pelz bedeckt war. Es hatte sieben Finger an jeder Hand. Iroedh hätte es für eine Art Schoßtier gehalten, hätte sie nicht gewußt, daß dieses Wesen das Orakel sein *mußte!*

Es sprach fließend avtinisch, wenn auch mit hoher, quäkender Stimme: »Kommt herein und macht es euch bequem, Iroedh und Antis. Ihr wärt draußen nicht erst aufgehalten worden, hätte ich die ganze Geschichte gekannt. Was ist, Lhuidh?«

Die Priesterin, die eben in dem Wagen angekommen war, lieferte ihren Bericht. Als sie geendet hatte, sagte das Orakel: »Bei Dhiis, es kann doch nichts ungestört verlaufen. Dabei komme ich ohnedies mit den Drohnenbanden relativ gut zurecht, nur dieser Wythias ist ein unmöglicher Kerl.«

Er gab den beiden Priesterinnen eine Reihe von Befehlen, um den Tempel in Verteidigungsbereitschaft zu versetzen und die in der Nachbarschaft wohnenden Priesterinnen herbeizuholen. Bloch zeigte zunehmend Zeichen erhöhter Nervosität und Unruhe; schließlich hielt er es nicht länger aus: »Gildakk, alter Junge, glaubst du nicht, es wäre besser, auf und davon zu gehen? Mit ein paar Stunden Vorsprung könnten wir uns irgendwo in den Hügeln verbergen . . .«

»Und uns von der Bande auf dem offenen Land aufstöbern lassen, wo wir doch hier die besten Verteidigungsmöglichkeiten diesseits des Tvaar haben? Außerdem bin ich schon viel zu alt und zu dick, um bergauf und bergab zu rennen. Wir haben eine gute starke Mauer und Vorräte für eine lange Belagerung; mein einziger Kummer ist, daß ich kaum mehr als zwanzig oder dreißig meiner Schwestern aufbieten kann. Die anderen sind auf Missionen unterwegs; aber eure Schußwaffen sollten den Unterschied wettmachen.«

Bloch sagte: »Ich habe aber nur wenig Munition, etwa siebzig Schuß, einschließlich der Pistole.«

Das Orakel verschränkte seine vielen Finger. »Mehr wäre besser, aber wenn jeder Schuß ein Treffer ist, werden wir uns schon halten können.«

All diese Vorschläge waren nicht nach Antis' Geschmack. »Wir sollten die Wagen des Tempels bemannen und auf der Straße nach Gliid vorstoßen. Wir könnten uns gewiß durchschießen.«

»Nein!« rief Bloch erschrocken, »das wäre Wahnsinn! Sie können die Straße blockieren oder uns in der Schlucht einschließen und Gestein auf uns herunterlassen . . .«

»Ich fürchte, mein terranischer Kollege hat recht«, meinte Gildakk, »wenn ich mein Alter und meine Gebrechlichkeit berücksichtige. Wenn die Aussichten ein bißchen besser wären, würde ich's wagen.«

Iroedh machte sich schüchtern bemerkbar, und das Orakel wandte sich an sie: »Ich weiß, du kennst mich nicht; ich bin Gildakk, vom Planeten Thoth im Prokyonsystem. Ich hatte gerade begonnen, diesen Terranern zu erzählen, wie es kam, daß ich ein Orakel wurde. Ein Erkundungstrupp meines Schiffes wurde durch eine Straßensperre aufgehalten, ich fuhr geradenwegs darüber weg, aber der nächste hielt, und so wurden alle anderen ein Opfer einer Drohnenbande. Ich kam hierher und sah, daß dieser Tempel eine Art öffentliches Gebäude war; ich verbarg mein Ueg und beobachtete, was hier vorging. Nach ein paar Tagen wußte ich's, war aber schon halb verhungert. Also ging ich zu der Wache und verlangte, den Hohen Priester oder was immer sonst hier drinnen war, zu sehen. Es schien mir zwei Möglichkeiten zu geben – und jede war gleich wahrscheinlich: entweder sie opferten mich einem Gott, oder sie machten einen Gott aus mir.«

»Die Thothianer«, warf Bloch ein, »sind die ärgsten Hasardeure der Milchstraße!«

»Danke. Nun, das Orakel entpuppte sich als ein neutralmännliches Wesen namens Enroys, das als Kind von den Arsuuni von Denüp gestohlen und mit fleischloser Nahrung als Sklave großgezogen worden war. Es gelang ihm zu fliehen, er kam nach Ledhwid und wurde Assistent des vorherigen Orakels; nach dessen Tod nahm er seine Stelle ein.

Ich sprach damals noch nicht avtinisch, und die Wachen hielten mich für eine Art Schoßtier. Ihr Interesse für mich äußerte sich bestenfalls darin, daß sie mich streichelten. Also ging ich zu meinem Wagen, auf dem ich wenig mehr als die

Signalraketen unseres Trupps hatte. Nun, ich ließ ein paar von den buntesten vor dem Tempel hochgehen, und bei all dem Gekrache, Funkensprühen und den hübschen Lichteffekten rannten die entsetzten Wachen in allen Himmelsrichtungen davon; ich spazierte ungehindert in den Tempel und unterhielt mich mit Enroys in der Zeichensprache. So wurde ich sein Assistent und schließlich sein Nachfolger. Ich habe das Orakel auf eine gesunde wirtschaftliche Basis gestellt und führe es rein geschäftlich. Aus den Priesterinnen habe ich perfekte Spioninnen gemacht. Die Prophezeiungen sind säuberlich in Aktenordnern mit Index und Gegenindex gesammelt, das solltet ihr sehen! Alle Sprüche aufgeschrieben und . . .«

»Sollten wir nicht vielleicht . . .«, unterbrach Bloch, der schon eine Weile unsicher und nervös war.

»Nein, nein! Ich habe schon alles veranlaßt, was nötig war. Falls nicht noch dieser Helikopter auftaucht, dann nehmen wir ihn natürlich.«

Bloch war skeptisch. »Ich habe Kang schon mehr oder weniger aufgegeben. Jeden Tag hielt ich nach ihm Ausschau, aber nichts. Ich habe einen Signalspiegel, kann mich also bemerkbar machen. Vielleicht ist er abgestürzt, vielleicht haben sie uns auch aufgegeben und sind ohne uns abgeflogen.«

»Winston!« schrie Barbe, »was für ein schrecklicher Gedanke!«

»Kopf hoch!« sagte Gildakk. »Wenn das der Fall ist, könnt ihr doch nach meinem Tod das Orakel weiter betreiben. Und da ihr ein Paar seid, wird es euch nicht langweilig werden. Ich gebe zu, ich würde gerne noch einmal die grauen Meere von Thoth sehen. Dieses Wetter hier ist trostlos.«

»Du solltest mal das Wetter auf seinem Planeten erleben«, meinte Bloch zu Iroedh gewendet. »Dauernd Sturm. Deshalb hat er auch so viele Finger, damit er sich immer festhalten kann, um nicht weggeweht zu werden.«

»Gildakk«, sagte Iroedh, »entschuldige, aber bist du ein Er oder eine Sie?«

»Beides.«

»Also neutral?«

»Keineswegs. Ich bin gleichzeitig Er und Sie, voll funktionstüchtig, ich begatte und trage die Frucht, vorausgesetzt, ein anderer Thothianer ist zugegen, der mitmacht. Wir gebären lebende Junge, sind aber keine Säuger. Nebenbei bemerkt, Bloch hat mir von deiner Metamorphose erzählt. Enroys hat auch die Fleischdiät entdeckt, doch leider zu spät. Er war schon zu alt, und so hat sich der arme Bursche nicht mehr entwickeln können.«

»Stimmt es, daß dieser Wythias seine Bande mit gemischter Kost ernährt?«

»Das ist sein Geheimnis, und ich hab's respektiert, in der Hoffnung, er respektiert das Orakel auch. Doch die Antwort ist: ja. Er hoffte, damit den Planeten zu erobern, doch jetzt, da er von Blochs Waffen weiß, glaubt er wohl, damit ginge es rascher.« Gildakk schnalzte mit mehreren Fingern gleichzeitig. »Das bringt mich auf eine Idee. Anstatt hier zu sitzen, während Wythias uns belagert, könnten wir doch die Offensive ergreifen!«

Antis sprang auf. »Wie, sag's!«

»Mit Iroedhs Hilfe! Wir werden schon eine auf sie passende Prophezeiung in meinen Ordnern finden. Wir müssen sie nur passend auslegen, dann könnten wir einen Keil zwischen Wythias und seine Bande schieben. Dann könntet ihr durch das avtinische Land marschieren, die Königinnen von ihren Thrönchen kippen und bisexuelle Gemeinden gründen!«

Iroedh protestierte: »Aber ich will keine Eroberin sein! Ich will nichts weiter als mit Antis zusammenleben, Eier legen und Antiquitäten sammeln. Wenn jemand freiwillig zu uns stößt . . .«

»Aber du hast keine Wahl«, erwiderte Gildakk. »Das ist der einzige Weg, um Wythias zu schlagen – und dann wirst du schon noch draufkommen, daß jemand, der das Noag reitet, nicht so einfach absteigen kann! Außerdem wird das eurer Rasse helfen, sich wieder weiterzuentwickeln, zu Zivilisation und Kultur . . .«

»Ja schon, aber . . .«

»Nun ja, dieses ganze Getue um Sex kommt mir selbst völlig irr vor, ich bin schließlich ein vollständiges Individuum und nicht so ein Halb-Wesen wie ihr. Ich versuche ja nur, euch zu helfen. Wollen mal sehen, welche Orakelsprüche am besten passen könnten . . .«

Der Thothianer rollte auf die Beine und hinkte zu einem Aktenschrank hinüber. Er zog eine Lade heraus und suchte in dem Index herum, eine Melodie summend.

Er zog eines der Rindenkärtchen heraus. »Vielleicht etwas von dieser Art:

›*Den glänzenden Wagen der Königin*
muß ziehen eine Prinzessin,
dann werden in Panik die Krieger fliehn,
das Hasenpanier ergreifen,
das werden die Arsuuni.‹«

»Was bedeutet das?« fragte Iroedh, die Gildakk über die Schulter guckte.

»Ach, es *bedeutet* gar nichts. Oder, besser gesagt, es bedeutet das, was man gerne hören möchte – irgend etwas! Ich hab's vor ein paar Jahren veröffentlicht, für die Abgesandten von Yeym, als die Arsuuni ihre Volkssiedlung angriffen.«

»Aber Yeym wurde doch zerstört!«

»Natürlich; aber es ist doch nichts Böses, wenn man den armen Dingern, die um ihr Leben kämpften, etwas Mut machte.«

»Und warum wählst du so komische Wörter?«

»Ach, bloß dem Versmaß zuliebe. Da wäre noch ein Spruch, der gefällt mir:

›*Wenn abtrünnig wird eine Königin*
im Glanz einer Strahlenkrone,

Offensichtlich war sie von ihrer Liebe zu Antis so erfüllt, daß sie ihm nur mehr blind folgte, anstatt eigene Entscheidungen zu treffen.

Wythias' Bande kam nun in Sicht, eine Masse dunkler Punkte, die sich die Straße heraufschob – wie Kriechtiere hinter einer Süßigkeit her. Als sie näher kamen, konnten Iroedhs scharfe Augen etliche von Uegs gezogene Wagen an der Spitze der Kolonne ausmachen. Das waren offenbar die Wagen, die man ihnen gestohlen hatte.

Die Drohnen kamen immer näher. Am Fuße des Hügels von Ledhwid strömten sie auseinander, wie ein Rinnsal schmutzigen Wassers, das auf ein Hindernis stößt. Aus dem Tempelinneren ertönte ein Trompetensignal, und Iroedh begab sich auf den ihr zugeteilten Platz neben dem Tor.

Eine Drohne in voller Rüstung kam den Weg zum Tor herauf; oben angekommen, warf der Bote den Kopf zurück und schrie: »O Orakel!«

»Ja?« quietschte Gildakk, der, einen Schal um den Kopf gewickelt, mit seinen kleinen, flinken Äuglein über das Tor guckte.

»Bist du tatsächlich das Orakel von Ledhwid?« fragte der Bote mit erstaunt aufgerissenen Augen.

»Und ob! Erinnerst du dich nicht an die Prophezeiung:

›Wenn Schurken den Ledhwid-Tempel bedrohn,
mit frevelhaften Händen,
so wird sie in alle Winde zerstreun,
ein Orakel mit Pelz aus der Fremde,
so klein wie keines zuvor.‹«

»Diese kannte ich noch nicht«, sagte der Drohnenmann. »Aber laß uns zur Sache kommen: Unser Führer verlangt, daß du ihm die Leute vom Himmelsschiff auslieferst, die bei dir Schutz gesucht haben. Wir wollen sie mitsamt ihren Zauberwaffen.«

»Welche Leute denn?«

»Lügen hat keinen Sinn, Orakel. Eine Arbeiterin von Khwiem ist ihnen heute morgen auf der Straße begegnet und erzählte uns alles, bevor wir sie erschlugen; und unser Beobachter an der Schlucht berichtete ebenfalls von dieser Gruppe, die gegen Mittag durch die Schlucht kam und anschließend den Tempel betrat. Also gib sie heraus, oder du wirst es bereuen.«

»Und warum sollte ich das tun – und vor allem, wie?«

»Ich verstehe nicht.«

»Diese Fremden haben die Macht von Göttern. Sie können dich mit Blitz und Donner vernichten, ebensoleicht, wie sie dich anschauen können.«

»Das wissen wir!«

»Wie soll ich sie dann zu etwas zwingen – selbst, wenn ich wollte?«

»Das ist dein Problem«, sagte der Bote.

»Nun, dann müßt ihr sie euch selber holen. Ich kann nichts tun.«

»So mußt du mit deinen Leuten den Tempelbezirk verlassen; wir kommen dann herein und holen uns das Himmelsvolk.«

Als Iroedh das hörte, war sie einen Augenblick lang von Zweifeln geplagt; für Gildakk wäre es so leicht, ihre Freiheit gegen seine Sicherheit einzutauschen.

»Nein«, sagte Gildakk. »Dieser heilige Bezirk darf nicht von bewaffneten Eindringlingen entweiht werden.«

»Das bedeutet sicheres Verderben für dich und die Deinen.«

»Warte, Bote!« sagte Gildakk. »Wenn Wythias verhandeln will, dann habe ich einen Gegenvorschlag . . .«

»Keine Verhandlung! Mein Führer weiß, wie schlau du bist, und will nichts riskieren. Entweder du gibst die Flüchtlinge heraus, oder du gehst uns aus dem Weg, wenn wir sie uns holen!«

»Wir nehmen es schon auf mit euch. Ihr werdet sehen, daß der Tempel nie von solchem Gesindel eingenommen werden kann – das wäre, als versuchte ein frisch geschlüpftes Baby eine Dairtelnuß mit seinem Zahnfleisch zu knacken!«

Der Bote war gegangen. Die Eingeschlossenen wappneten sich für den erwarteten Angriff.

Die Sonne ging groß und rot hinter den Hügeln unter. Iroedh wußte, daß nun keine Hilfe mehr von der *Paris* zu erwarten war, denn Bloch hatte ihr gesagt, daß die Terraner niemals versuchten, den Hubschrauber nachts auf unbekannten Plätzen zu landen.

Obgleich die Bande mehr als zweihundert Drohnen zählte, war die Kette um den Hügel von Ledhwid nur dünn. Ein Trompetensignal gab das Zeichen zum Angriff. Sobald einige zu schnell vordrangen, wurden sie von den Offizieren zurückgehalten, so daß sich der Ring gleichmäßig zusammenzog. Dabei verringerten sich die Abstände zwischen den Angreifern zusehends. So kamen sie den Hügel herauf, erst gehend, dann kriechend, als der Hang steiler wurde.

Nun erklang auch vom Tempel her ein Trompetensignal. Priesterinnen wuchteten große runde Steine über die Mauer und ließen sie den Hügel hinunterrollen.

»Iroedh, wirf deine Steine!« rief eine Stimme hinter ihr.

Iroedh nahm sich zusammen. Sie hob einen Stein, groß wie ihr Kopf, über die Mauer und ließ ihn fallen. Er sprang den Abhang hinunter, genau über den Kopf einer heranrückenden Drohne hinweg. Ein zweiter rollte zwischen den Angreifern durch, doch dann gab's einen Treffer! Der Drohnenkörper rollte mit weiteren Steinen den Hang hinunter, die anderen Drohnen waren stehengeblieben und sahen zu, so daß die Linie der Angreifer in Unordnung kam. Doch bald hatten die Offiziere die Lücken geschlossen und trieben den Angriff weiter vor; die meisten Drohnen gehorchten.

Eine kleine Gruppe drang zu der Stelle vor, wo Iroedh stand. Wieder warf sie einen großen Stein; die Drohnen stoppten, starrten den Stein an, wichen zurück – und da fiel der Stein mitten unter sie; einige fielen zu Boden, rollten hinunter, viele liefen verwirrt hin und her. Als sich der Tumult gelegt hatte, lag eine Drohne reglos am Boden, eine andere schleppte sich verletzt fort, der Rest lief talwärts.

Ein Trompetensignal rief zum Sammeln, und nun zogen sich alle Drohnen wieder ins Tal zurück.

»Na, Iroedh, wie geht's?« Bloch kam auf seinem Rundgang, die Maschinenpistole unter dem Arm, an ihr vorbei.

»Haben wir gesiegt?«

»Keine Spur! Die kommen wieder. Wenn sie nur nahe genug kommen, daß ich sichere Schüsse anbringen kann; je dunkler es wird, desto schlechter kann ich zielen, da hilft auch das Infrarotgerät nicht viel. Ich wollte, ich hätte deine Nachtsichtigkeit!«

»Diese Mauer gibt nicht viel Schutz.«

Bloch schüttelte den Kopf. »Leider nein, an vielen Stellen ist sie nur brusthoch und kann leicht überwunden werden. Wie Gildakk mir sagte, ist sie einst auch nicht als Schutz gegen Angriffe errichtet worden, sondern um das Eindringen wilder Tiere in den Hain zu verhindern und gleichzeitig den zahmen Tieren das Weglaufen unmöglich zu machen.«

Wieder ertönte die Posaune der Angreifer; sie versammelten sich alle auf der Ebene zu Füßen des Hügels – eine große, schwarze, wimmelnde Masse. Kommandos und Instruktionen erschallten, einzelne Worte drangen bis an Iroedhs Ohren.

Die Drohnen hatten eine rechteckige Phalanx gebildet, die nun geschlossen gegen das Tor vorrückte, alle zweihundert gleichzeitig. Da die hinter der Frontreihe Marschierenden ihre Schilde über die Köpfe hielten, wirkte das Ganze wie der Rücken eines schuppenbedeckten Kriechtieres.

Iroedh schrie: »Daktablak, bring deine Waffe! Und die anderen sollen mehr Steine bringen!«

Das schuppige Ungeheuer kroch den Hang herauf, um so langsamer, je steiler es wurde. Im Inneren der Tempelmauer plagten sich die Priesterinnen mit schweren Steinen.

Und dann begannen erneut Steine auf die Angreifer herunterzuprasseln. Manche trafen nicht, doch die meisten fielen auf die Schilde. Einige Drohnen gingen zu Boden, der Rest schloß sich zusammen und rückte weiter vor. Einige Priesterinnen begannen die Front mit Pfeilen zu beschießen. Ein großer Stein krachte in die vorderste Reihe und riß ein Loch in den massiven Block der Leiber, doch auch dieses wurde von den Unverletzten rasch wieder geschlossen.

»Daktablak!« schrie Iroedh, »sie sind an der Mauer!«

Sie warf ihren letzten Stein und zog die Machete. Doch da bellte die Maschinenpistole auf, orangefarbene Blitze zuckten durch die Dunkelheit und brachten den Angriff abrupt zum Stehen. Im nächsten Augenblick zerfiel der Block in seine Teile, die Drohnen liefen auseinander, brachten sich in Sicherheit. Bloch schob ein neues Magazin in seine Waffe und sagte: »Wenn sie so dichtgedrängt anstürmen, kann ich mit einem Schuß zwei oder drei erledigen! Wie viele hab' ich erwischt?«

»Da draußen liegen mehr als zwanzig, aber ich weiß nicht, wie viele davon du getroffen hast«, erwiderte Iroedh. »Wo ist Antis?«

»Auf der anderen Seite des Hains. Es würde mich wundern, wenn Wythias seine Leute noch einmal zu einem Angriff ermutigen kann!« Bloch stopfte seine Pfeife und zündete sie an.

Unten im Tal hielten die Drohnen eine neuerliche Besprechung ab. Man hörte die Stimmen bis herauf, so laut war die Debatte. Es dauerte lange, bis sie sich wieder in Bewegung setzten – und wieder verteilten sie sich rund um den Hügel, wie das erstemal, nun aber in kleineren Gruppen zu etwa fünfzehn Mann. Ein neuerliches Trompetensignal ließ alle zugleich anstürmen, fast mit demselben Elan wie zuvor.

»Herrgott noch mal, die Kerle haben Nerven«, sagte Bloch. »Noch einmal anzugreifen, nach diesem Rückschlag, ich kann mir nicht vorstellen, daß Primitive auf der Erde so etwas wagten!«

»Wahrscheinlich fürchten sie Wythias noch mehr als dich«, erwiderte Iroedh und hob einen Stein über die Mauer.

In dem schwindenden Licht konnte man nicht mehr sagen, ob die Steine trafen oder nicht.

»Daktablak! Daktablak! Schnell!«

Aus den Augenwinkeln sah Iroedh Blochs Kahlkopf in Richtung des Rufes verschwinden; wenige Augenblicke später hörte sie seine Waffe bellen. Und gleich darauf von einer anderen Stelle erneut der Ruf: »Daktablak! Schnell!«

Zu ihrer Linken vernahm Iroedh Waffenlärm; da, an der Mauer, ein dunkles Knäuel kämpfender Gestalten! Sie zog ihre Machete und stürmte los; doch bevor sie noch ankam, hörte sie Barbes hohe Stimme: »Zurück, ihr Narren!«

Da sprangen die Verteidiger auseinander, und Barbe trat in die Öffnung. Ihre Pistole krachte mehrmals, und die Drohnen, die über die Mauer vorgedrungen waren, fielen zu Boden.

Eine Priesterin rief Iroedh zu: »Da! Gib acht!«

Iroedh fuhr herum und sah eben den Kopf einer Drohne über der Mauer neben sich auftauchen. Blitzschnell schlug sie zu, traf den Eindringling im Nacken, sah den Kopf hinunterrollen und den Körper folgen. Auf der anderen Seite des Tempels hörte sie wieder den Klang der großen Waffe Blochs. Und dort, unter den riesigen Bäumen des heiligen Hains, focht eine eingedrungene Drohne gegen Priesterinnen. Iroedh eilte zu Hilfe, doch als sie ankam, war der Eindringling schon tot.

Dann ebbte der Lärm ab, man hörte nur noch das Trampeln der davonlaufenden Drohnen. Bloch und Antis kamen, ersterer hantierte an seiner Waffe, letzterer wischte mit dem Handrücken über eine kleine Wunde an seiner Wange.

»Ich hoffe, das war die letzte Attacke«, sagte Bloch. »Wir haben zwar nur drei oder vier Opfer zu beklagen, aber auch nur mehr sechs Magazine für meine Waffe und zwei für Barbes Pistole. Nicht einmal Steine haben wir noch genug.«

Die Drohnen versammelten sich wieder auf der Ebene. Antis meinte: »Wythias muß mehr als ein Fünftel seiner

Bande verloren haben. Er kann sich so etwas nicht noch oft leisten!«

»Noch einmal genügt«, knurrte Bloch düster. »Ich frage mich, warum ich nur auf xenologische Expeditionen ausziehen mußte; ich hätte daheim bleiben sollen und meine Vorlesungen halten.«

Unten im Tal waren die versammelten Drohnen wiederum in heftige Diskussionen verstrickt; Verletzte schleppten sich von allen Seiten herbei, einige hatten Feuer entzündet oder wanderten mit Fackeln in der Hand umher.

Schließlich kam ein Drohnenmann den Weg herauf, eine Fackel über seinem Kopf schwingend. Iroedh erkannte den Boten, der schon einmal hier gewesen war. Er rief: »O Orakel!«

»Habt ihr genug?« fragte Gildakk mit quäkender Stimme von der Mauer herab.

»Wir haben noch nicht aufgegeben, wenn du das meinst. Denn wenn wir den Tempel nicht stürmen können, so können wir euch allemal aushungern.«

»Das wird aber sehr lange dauern!«

»Wir können warten. Da wir alle aber Besseres zu tun haben, bietet unser Führer großzügigerweise Verhandlungen an, um zu sehen, was du für Vorschläge zu machen hast; vielleicht kannst du etwas bieten, was ebenso interessant ist wie die Waffen der Himmelsleute.«

»Sehr gut«, sagte der Thothianer. »Auf meiner Seite werden wir zu fünft an der Besprechung teilnehmen: ich, die Himmelsleute und ihre beiden Begleiter. Wythias darf nicht mehr als vier seiner Offiziere mitbringen, unbewaffnet; sie bleiben zwei Speerlängen unterhalb von uns stehen, wir werden hier vor dem Tor auf euch warten!«

»Wir brauchen die Avtini nicht dabei!«

»Aber ich, mein Vorschlag betrifft nämlich sie.«

»Also gut, dann bring sie mit. Aber ihr müßt ebenfalls unbewaffnet sein, insbesondere dürfen die Himmelsleute ihre Zauberwaffen nicht mitbringen.«

»Einverstanden«, sagte Gildakk. »Und da unser Vorschlag eure Bande als Ganzes betrifft, ist es nur gerecht, wenn sie auch zuhören. Sie mögen sich also am Hang unterhalb von euch versammeln, aber mindestens drei Speerlängen entfernt von Wythias, und sie sollen sich mit Fackeln ausrüsten . . .«

Nachdem einige weitere Einzelheiten besprochen worden waren, die geeignet schienen, einen Verrat unmöglich zu machen, stimmte der Bote zu und ging. Gildakk sagte zu Iroedh: »Schnell, leg deine Rüstung ab und nimm deinen alten Umhang!«

Als sich die Drohnen mit Fackeln in den Händen am Hang versammelt hatten, und die Stämme von der Innenseite des Tores entfernt worden waren, schlüpften Iroedh und die anderen hinaus: Gildakk, Bloch, Barbe und Antis. Iroedh, mit ihrem Umhang angetan, fühlte sich unsicher ohne ihre Machete; immer wieder blickte sie nach hinten, um sich zu überzeugen, daß das Tor noch offen stand. Antis war ebenfalls unbewaffnet, und Bloch und Barbe hielten ihre Hände hoch, um zu zeigen, daß diese leer waren. Barbe hatte sogar ihre Pistolentasche zurückgelassen.

Zwei Priesterinnen brachten brennende Öllampen und stellten sie draußen beiderseits des Weges nieder, um zusätzliche Beleuchtung zu geben. Iroedh beobachtete die im zuckenden Licht der Fackeln heranrückenden Drohnen; vornweg die Offiziere, an der Spitze Wythias' riesige Gestalt mit dem verfilzten Haarschopf über den stechenden Augen.

Gildakk, der neben Antis stand, flüsterte: »Frag, wer Wythias ist!« Sie hatten ausgemacht, daß Antis, der die lauteste Stimme hatte, den Sprecher machen sollte.

»Ich bin Wythias«, sagte der Riese. »Sprich!«

Iroedh dachte bei sich, es sei nur gut, daß die Waffen der Drohnen, Pfeile und Speere, nicht gut unter Umhängen verborgen werden konnten.

Was Gildakk in leise quiekenden Tönen zu Antis sagte, wiederholte dieser, Satz für Satz, mit seiner weittönenden

Stimme. Die kleinen Pausen zwischen jedem Satz schienen Iroedh durchaus eindrucksvoll zu sein, sie gaben dem Gesagten besondere Bedeutung.

»Wythias, Offiziere und Mannschaft!« begann Gildakk via Antis. »Ihr wollt doch die Waffen der Himmelsleute, um die Welt zu erobern, nicht wahr?«

»Ja!« rief Wythias, und wie ein Echo erklang das Ja seiner Leute.

»Aber das ist es ja gar nicht, was ihr *wirklich* wollt. Ihr glaubt vielleicht, ihr führt ein angenehmes Leben; ihr habt Essen und Trinken und Spiele, prächtige Rüstungen und keine Langeweile. Aber es gibt etwas, was ihr *nicht* habt. Ihr wißt, was ich meine?«

»Ja!« brüllten die Drohnen.

Wythias sagte: »Was wollt ihr denn? Uns vielleicht allen eine Königin geben, oder sonst so eine fantastische Idee?«

»Nichts Fantastisches, mein lieber Wythias. Hört mir zu, hört mir alle genau zu: Jeder von euch kann – nicht etwa eine fette alte Königin haben, die euch herumkommandiert und die ihr mit sechzehn anderen Drohnen teilen müßt – nein, jeder kann eine hübsche, junge und funktionstüchtige Königin für sich allein haben! Ganz allein für sich! Die er lieben kann und mit der er gemeinsam sein Leben verbringen kann, wie es unsere Vorfahren vor Jahrtausenden taten. Sie wird euch Eier legen, und die Kinder, die ausschlüpfen, werden eure eigenen Kinder sein, die ihr selbst großzieht. Was haltet ihr *davon*?«

Ein Murmeln ging durch die Reihen der Drohnen. Wythias sagte: »Eine Geschichte, mehr nicht. Du könntest uns genausogut den Schatz von Inimdhad anbieten! Wo ist dein Beweis?«

»Hier ist mein Beweis! Iroedh, zeige dich ihnen!«

Iroedh trat vor, warf ihren Umhang ab und stand nackt vor ihnen im Licht der Fackeln.

»Seht sie euch an!« fuhr Gildakk-Antis fort. »Eine vollkommene, funktionstüchtige Königin, früher eine unfruchtbare Arbeiterin, ohne Geschlechtsmerkmale. Ich kann aus Arbeiterinnen Königinnen machen!«

Ein Drohnenmann drängte sich vor: »Wie sollen wir wissen, daß sie verwandelt wurde? Vielleicht ist sie eine weggelaufene Prinzessin?«

»Ist hier keine Drohne aus Elham?«

»Ja, hier!« sagte eine Stimme.

»Dyos, elender Schurke!« brüllte Antis. »Du kennst Iroedh von Elham, die dich aus dem Gefängnis befreit hat, oder?«

»J – ja.«

»Dann tritt vor und identifiziere sie!«

Dyos kam zögernd näher, schaute und sagte: »Das ist Iroedh. Aber ich sollte mich überzeugen, daß diese Dinger nicht bloß angeklebt . . .«

»Au!« rief Iroedh, »du mieser . . .«

»Sie ist wirklich echt, eine Königin! Es ist wahr, Leute!«

»Aber«, sagte Wythias, »woher wissen wir, daß die Arbeiterinnen damit einverstanden sind, von dir umgewandelt zu werden?«

»Iroedh war's, und sie ist nun mit Antis durch einen Vertrag verbunden, nicht wahr?«

»Ja«, rief Iroedh, »und es ist wunderbar!«

»Natürlich«, fuhr Gildakk fort, »wird es gewisse Änderungen geben müssen. Wollt ihr bei unserem Projekt mitmachen, müßt ihr unsere Führung anerkennen. Ihr dürft keine Arbeiterinnen mehr töten – jede Arbeiterin ist eine potentielle Königin! Und ihr müßt . . .«

»Lächerlich!« schrie Wythias. »Nie werde ich meine Führerschaft abtreten. Wir werden hier an der Nase herumgeführt, bloß, um diese Himmelsleute freizukaufen, wir werden das Nachsehen haben, glaubt ihnen nicht . . .«

»Bitte, ich bin noch nicht fertig!« Gildakk ließ Antis über die Herrlichkeiten des Ehelebens berichten und fuhr schließlich fort: »Der Hauptgrund aber, warum wir euch zureden, zu uns zu kommen, ist die Tatsache, daß eine solche Revolution schon vor langer Zeit vom göttlichen, unfehlbaren Orakel von Ledhwid geweissagt wurde. Noch zur Amtszeit meines Vorgängers Enroys, geheiligt sei sein Andenken, erschien das folgende göttliche Versprechen:

›Wenn abtrünnig wird eine Königin
im Glanz einer Strahlenkrone,
wenn Götter der Sterne auf Niond sind,
dann bricht das goldene Lager,
und neuer Samen geht auf.‹

Die Interpretation ist die folgende: Die Königin der Abtrünnigen ist niemand anderes als Iroedh. Das goldene Lager ist das gegenwärtige Sex-Kasten-System mit seinen Königinnen. Die Himmelsleute sind die Götter, der Samen ist der eure. Und die Strahlenkrone . . .« Über die Schulter quiekte Gildakk: »Anzünden!«

Es gab Geräusche und Murmeln hinter der Mauer, und jemand wisperte: »Die erste brennt nicht an!«

»Dann versuch's mit der nächsten!«

Die Zuhörerschaft wurde schon unruhig angesichts der langen Pause.

»Und die Strahlenkrone . . .«, wiederholte Antis.

Doch dann kam's: Ein Zischen, Pfauchen, eine Flamme fuhr hoch in den Himmel, zerplatzte und übergoß die nächtliche Landschaft mit blendend hellem Magnesiumlicht. Noch eine Flamme zischte in den Nachthimmel und zersprang in Milliarden grüne Funken, denen ein greller Lichtblitz und ein ohrenzerreißender Knall folgte.

»Da seht ihr's!« rief Antis. »Nieder mit Königin Danoakors sogenannten Reformen! Zurück zu den glücklichen Tagen des Goldenen Zeitalters! Zerbrecht das goldene Lager, wie euch geweissagt wurde!«

Das Feuerwerk hatte Überraschungsschreie und Unruhe bei den Drohnen hervorgerufen. Eine schrie: »Das war Igog mit seinem feurigen Atem!«

Bei der letzten Explosion hatten sich viele aus den äußeren Reihen zur Flucht gewandt. Gildakk sagte: »Schnell, die Musik!«

Antis setzte seine Flöte an die Lippen, Iroedh und die beiden Terraner sangen ein Lied, das Bloch sie gelehrt hatte.

Die Drohnen beruhigten sich, diejenigen, die weggerannt waren, kehrten zurück. Eine Drohne rief: »Ich kenne dich, Antis. Du bist keine Drohne, sondern der Gott Dhiis, der auf Niond zurückgekehrt ist. Ich kenne dich an diesem alten Instrument, das du spielst!«

Gildakk sprach wieder durch Antis: »Ihr Drohnen, wer von euch ist mit uns? Wer will es versuchen?«

Iroedh, noch etwas durcheinander von dem pyrotechnischen Zauber, sah, wie die Drohnen die Köpfe zusammensteckten und hörte das Murmeln. Dann hoben sich da und dort Hände: »Ich!« »Ich bin dabei!« »Ich!« »Ich auch!« «*Kwa* Königin Iroedh!«

Nun hoben sich auch die übrigen Hände, der Aufruhr hatte alle erfaßt. Wythias brüllte: »Es ist ein Trick! Ein mieser, feiger, verräterischer Trick! Ihr spracht von Verhandlungen, statt dessen lügt ihr uns was vor und singt Lieder, um meine Leute gegen mich aufzuhetzen!«

»Aber keineswegs! Du wirst genauso willkommen sein wie . . .«

»Ich werde all deinen Lügen ein Ende machen, und das für immer!« Wythias schlug seinen Umhang zurück, und Iroedh sah voll Entsetzen, daß er darunter einen Speer verborgen hielt, dessen Schaft auf die Hälfte gekürzt war. Sein Arm zuckte zurück und schnellte vor; der Speer flog heran.

Mit einem Aufschrei griff Iroedh nach ihrer Machete – aber die war ja nicht da. Aus den Augenwinkeln sah sie, wie Barbe in ihre Bluse griff.

Der Speer traf Gildakk in den Bauch und drang am Rükken wieder heraus, die Spitze grün vom Blut des Thothianers. Barbes Hand hielt plötzlich die kleine Pistole, und diese bellte auf und schoß einmal, zweimal eine Flamme aus dem Rohr.

Wythias stolperte rückwärts und fiel lautlos in sich zusammen.

Iroedh wollte gerade auf das Tor zuspringen, als Barbe, noch immer die Pistole ruhig in der Hand, mit lauter hoher Stimme rief: »Bleibt ruhig, jeder einzelne von euch! Ihr alle seid Zeugen dieses verräterischen Mordes. Beruhigt euch, Kinder, und bedenkt eure Lage. Euer Anführer ist tot, und unser Angebot steht noch immer. Vereinigt euch mit uns und vergeßt die unselige Vergangenheit. Wie euch das Orakel gesagt hat, die Änderung wird kommen! Stellt ihr euch ihr entgegen, wird sie euch zermalmen. Doch wenn ihr Bedenkzeit braucht . . .«

»Ich hab's schon bedacht«, rief ein Drohnenmann, »ich bin mit euch!«

»Ich auch!« rief ein anderer. »Wythias hätte uns alle in den Tod geschickt, um seinen Ehrgeiz zu befriedigen.«

Auch die anderen stimmten zu, alle bis auf einige wenige, die schweigend in der Dunkelheit verschwanden.

Iroedh hörte, wie Barbe zu Bloch sagte: »Hilf mir, Winston! Mir ist ganz elend. Weißt du, das waren meine letzten Kugeln!«

»Wirklich, Barbe«, meinte Bloch, »du hättest die Waffe nicht mitbringen sollen. Wir haben versprochen . . .«

»Was für ein Unsinn! Hatte er einen Speer bei sich oder nicht?«

Iroedh neigte sich über Gildakk. Die kleinen runden Augen des Thothianers sahen zu ihr auf, und seine Stimme quiekte leise: »Iroedh!«

»Ja, was kann ich für dich tun?«

»Nichts; ich bin am Ende. Ich hätte so gerne noch einmal die grauen Meere gesehen, aber dieses Glück war mir nicht beschieden. Ich habe nur noch einen Rat für dich.«

»Ja?«

»Wenn eure Revolution dieses – dieses System der Kasten und Völker zerstört, dann erwecke die alte Religion wieder zum Leben.«

»Warum? Ich glaube nicht wirklich an sie, und ich weiß, du tust es auch nicht!«

»Die Avtini brauchen etwas – ein emotionales Ventil – die Religion kann die Stelle der Volksgemeinschaft einnehmen, sie kann auch als einigende Kraft wirken. Nur so könnt ihr über die Arsuuni siegen und . . .«

Die Stimme wurde unhörbar, die strahlenden Augen brachen. Gildakk der Thothianer war tot.

XI

Der Kampf

Am nächsten Morgen landete Kang mit dem Helikopter. »War letzte Nacht auf Übungsflug«, sagte er, »sah die Signale.«

In seiner abgehackten Sprechweise erzählte er, daß wegen einer technischen Panne die Maschine etliche Tage flugunfähig gewesen war und anschließend, infolge des Schlechtwettereinbruchs, wieder nicht aufsteigen konnte. Da Blochs Radionachrichten ausgeblieben waren, war auf der *Paris* Alarm ausgelöst worden, doch auch die nach Wetterbesserung durchgeführten Suchflüge längs der Straße nach Ledhwid waren ohne Erfolg geblieben. Nun war ein wohlbewaffneter Suchtrupp unterwegs.

Nun wandte sich Bloch an Antis und Iroedh: »Wir sind damit mehr oder weniger am Ende unseres Weges angelangt, ihr beide aber steht am Beginn. Was sind eure Pläne für die nächste Zeit?«

Iroedh und Antis sahen einander unsicher an. Sie begriffen, daß sie nun zum ersten Mal auf sich selbst gestellt sein würden, daß sie sich nun nicht länger auf die Klugheit und Macht dieser Terraner verlassen könnten. Wie Gildakk gesagt hatte, sie und Antis würden lernen müssen, auf eigenen Beinen zu stehen, ungeachtet aller Schwierigkeiten und Gefahren. Iroedh sagte: »Ich glaube, wir sollten mit den anderen Drohnenbanden Kontakt aufnehmen und versuchen, sie zu überreden, mit uns gemeinsame Sache zu machen. Dann müßten wir trachten, die benachbarten Volksgemeinschaften für uns zu gewinnen, entweder als Ganzes oder indem wir einzelne Arbeiterinnen weglocken.«

Bloch machte einen Vorschlag: »Ihr könntet Botschaften schreiben, um Pfeile wickeln und diese dann über die Mauer schießen.«

»Großartig! Und dann können wir . . . Aber wer kommt denn dort?«

Ein Wagen kam von der Schlucht von Hwead die Straße herauf. Als er heranfuhr, erkannte Iroedh, daß er von einer Priesterin des Orakels gelenkt wurde. Angesichts der überall lagernden Drohnen wollte sie eben ihr Fahrzeug wenden, um zu fliehen. Iroedh rief ihr zu, daß sie in Sicherheit sei, und lief zu ihrem Wagen hinunter. So kurz es ging, schilderte sie ihr die neue Lage der Dinge und bewog sie zu bleiben.

»Aber wo ist unser Meister?« fragte die Priesterin.

»Er ist tot. Wythias tötete ihn und wurde dann selbst getötet.«

»Großer Eunmar! Und wen wählte er als Nachfolger?«

»Niemanden, er hatte keine Zeit dazu. Willst du nicht weiterkommen?«

»Wenn ich sicher bin, ja. Aber Wythias' Drohnen töten sofort!«

»Nun nicht mehr. Du kannst sehen, wie sich einige deiner Kolleginnen unter ihnen aufhalten, ohne belästigt zu werden.«

Die Priesterin kam furchtsam näher und sagte: »Ich habe gewisse wichtige Nachrichten für den Meister, aber da er tot ist, weiß ich nicht, wem ich sie übermitteln sollte.«

»Warum nicht mir? Ich habe hier eine gewisse Autorität und bin auch . . .«

»Oh, das wird dich alles kaum interessieren, Königin! Die Arsuuni von Tvaarm haben die vordersten Linien der Truppen von Elham in die Flucht geschlagen und dringen bereits in das Gebiet von Elham ein . . .«

»*Was?* Antis! Antis!«

»Ja?« Als Antis die Neuigkeiten erfuhr, war er zunächst betroffen, doch dann nahm sein Gesicht einen verschlossenen Ausdruck an. »Na und?« knurrte er. »Was hat Elham je für uns getan, außer uns verjagt und versucht, uns zu töten? Sollen die Arsuuni doch über sie kommen!«

»Antis, denk doch nach! Wir selbst haben das Problem der

Arsuuni früher oder später zu lösen. Wenn wir sie nicht niederschlagen, werden sie uns auslöschen. Unsere einzige Hoffnung ist, alle Volksgemeinschaften – oder was immer deren Rolle in Zukunft übernehmen wird – zu vereinigen und gemeinsam die Arsuunivölker nach und nach zu vernichten. Und womit können wir besser beginnen, als mit unserem eigenen Volk? Lassen wir zu, daß es vernichtet wird, verlieren wir nicht nur einen Teil unserer eigenen Stärke, die anderen werden auch sagen: Die kümmern sich nur um sich selbst, warum sollten wir ihnen trauen?«

»Hm«, brummte Antis, »ich werde es mir überlegen . . .«

»Diesmal nicht«, sagte Iroedh, die wußte, das würde bedeuten, daß Antis am nächsten Tag die Sache als seine eigene Idee vorbringen würde. »Diesmal nicht, Antis, jeder Tag zählt!«

»Was schlägst du vor?«

»Ich will selbst nach Elham gehen und ihnen die Sachlage klarmachen. Wenn sie überleben wollen, müssen sie sich mit deinen Drohnen vereinigen und gemeinsam gegen die Arsuuni kämpfen.«

»Die bringen dich um, noch bevor du auch nur den Mund aufgemacht hast!«

»Du vergißt, daß ich jetzt eine Königin bin!« Stolz reckte sie ihre Brüste. »Eine Königin kann unter gar keinen Umständen von einer Arbeiterin angegriffen werden, höchstens von einer anderen Königin. Als Königin Rhuar den Verstand verlor und begann, die Arbeiterinnen von Elham zu töten und keine erwachsene Prinzessin da war, die sie hätte überwältigen können, tat ihr niemand etwas an. Sie packten sie mit bloßen Händen (und das kostete einigen von ihnen das Leben) und trugen sie vorsichtig hinaus vor die Mauer, wo sie sie liegen ließen.«

»Was geschah dann mit ihr?«

»Sie fanden sie später halb aufgefressen; aber man erfuhr nie, ob sie von den wilden Tieren getötet wurde, oder erst verhungerte und dann gefressen wurde.«

»Na ja, das klingt ja hoffnungsvoll. Trotzdem kannst du noch nicht weg.«

»Und warum nicht?«

»Weil es mich Tage kosten wird, bis ich meine Leute organisiert habe, und es ist sinnlos, wenn du wesentlich früher als ich nach Elham kommst. Die Arsuuni könnten dich töten. Wenn du durch dieses Stadttor gehst, möchte ich mit meinen Drohnen in der Nähe sein.«

Antis war durch nichts von seiner Ansicht abzubringen, obgleich er schließlich mit einem verschämten Grinsen zugab: »Um die Wahrheit zu gestehen, sind da nicht nur taktische Gründe maßgebend.«

»Was sonst?«

»Wenn du's schon wissen mußt, ich kann's nicht ertragen, länger als unbedingt notwendig von dir getrennt zu sein, verstehst du?«

»Aber Antis! Wie kannst du nur deine persönlichen Wünsche vor das Wohl und die Zukunft deiner Rasse . . .«

»Rede doch nicht so geschwollen. Es waren ebensolche persönlichen Interessen, die dich damals bewogen, mich zu befreien, wodurch all diese Ereignisse erst ins Rollen kamen.«

Als sie Bloch ihre Pläne mitgeteilt hatten, meinte dieser: »Ihr dürft nicht überrascht sein, wenn ich euch vom Helikopter aus zusehe, insbesondere, wenn es zu einem Kampf kommt. Subbarau wird seinen Termin für unseren Weiterflug gern eine Woche verschieben, wenn er Kampfszenen filmen kann!«

»Und ihr würdet uns nicht helfen?«

»Nein, tut mir leid, aber ich hab's dir doch schon erklärt. Bist du fertig, Barbe?«

Barbe küßte Iroedh und schüttelte Antis die Hand (der durch diese Geste ganz verwirrt war) und kletterte in den Hubschrauber. Sie lächelten, winkten und flogen davon.

Ein Drohnenkrieger, an seinem Speer lehnend, meinte: »Sie sind zweifelsohne Götter. Ich werde meinen Kindern, falls ich einmal welche habe, erzählen können, daß ich sie mit eigenen Augen gesehen habe.«

Etwa vierzehn Tage später näherte sich Iroedh mit ihrer Eskorte den Toren von Elham. Obgleich sie Antis versprochen hatte, seiner Armee nicht zu weit vorauszueilen, konnte sie nicht umhin, schneller zu fahren, als sie in der Nähe ihrer Heimatsiedlung war. Sie hatte mehr oder weniger befürchtet, die Arsuuni könnten sie bereits verwüstet haben, obgleich ihr, als sie durch Gliid gekommen war, die Freunde von der *Paris* versichert hatten, daß noch keine Kunde von solch einer Katastrophe zu ihnen gedrungen sei.

Heimlich wandte sich Bloch an sie: »Ich sollte das ja nicht sagen, denn man könnte es als Einmischung ansehen, aber als ich gestern auf dem Wege nach Khinam euer Städtchen überflog, habe ich noch nichts von einem feindlichen Anmarsch sehen können.«

Auf ihrer Weiterfahrt nach Elham nahm sie die Versicherungen der Terraner, sie würden ihnen moralische Unterstützung gewähren, mit sich. Moralische Unterstützung, dachte sie, war ja gut und schön, aber eine dieser Feuerwaffen wäre ihr lieber gewesen.

Auf der Fahrt mußte sie sich die prahlerischen Erzählungen eines ehemaligen Offiziers aus Wythias' Truppe, einem geschwätzigen Burschen namens Tregaros, über all seine Kämpfe anhören.

». . . dort, Königin, siehst du die Felszacke? Wythias hat uns einmal hier herunter geschickt, um von Umwys, dem Schmied, einen Posten Speerspitzen abzuholen, und die Leute von Thidhem haben uns einen Hinterhalt gelegt. Aber ich habe das spitzgekriegt, hab' meine Lehre bei Wythias nicht umsonst gemacht. Der alte Wythias war ja ein Gauner, aber als Soldat stellte er alles in den Schatten, kein Avtini machte ihm da was vor. Und ich hab' auch an den Orakelspruch vom Noag und Leipag gedacht – na, und als ich dann diese Felsen sah, sagte ich zu mir, Tregaros, sagte ich, wäre das nicht ein guter Platz für einen Hinterhalt? Langsam, Kinder, ich will mir das doch anschauen. Und tatsächlich, da kamen sie schon, wie die Irren hinter unserem Vortrupp herjagend. Die dummen Kerle, hatten nicht Hirn genug, ihn ungeschoren durchzulassen und unseren Haupttrupp anzugreifen. So haben wir dann ihnen aufgelauert und haben sie gekriegt, statt sie uns . . .«

Iroedh versuchte zwar pflichtgetreu zuzuhören, doch gingen ihre Gedanken immer wieder eigene Wege, sie malte sich aus, wie ihre Wiedervereinigung mit Antis sein würde und dachte daran, was er als erstes von ihr wollen würde . . .

An der Grenze von Elham wurden sie von den Wachen der Königinnen Maiur und Estir angestarrt wie Wundertiere. Die Wache des Thidhem-Volkes sagte: »Wir haben Befehl bekommen, euch durchzulassen, aber wir verstehen nicht, warum! Also fahrt weiter!«

Iroedh hätte ihnen den Grund sagen können – Antis hatte Königin Maiur ein Ultimatum gestellt: Wenn er ungehindert mit seinem Heer durch das Territorium von Thidhem marschieren dürfte, dann würden seine Drohnen in diesem Lande keinen Schaden anrichten. Die Wachen auf der anderen Seite waren vielleicht noch verblüffter, als Iroedh sagte: »Ich bin Königin Iroedh und komme auf offiziellen Besuch nach Elham; diese Drohnen sind meine Eskorte!«

»Bist du die Iroedh, die einmal Arbeiterin von Elham war?«

»Das stimmt!«

»Großer Eunmar! Ich habe dich mit diesen Schwellungen gar nicht erkannt!«

»Ich bin froh, daß du mich jetzt erkennst. Wie geht es unserem Volk unter Estir?«

Die Elhamer Wachen sahen einander an und wußten nicht recht, was sie sagen sollten, zumal Iroedh nicht länger eine der Ihren war. Doch eine Wächterin von Thidhem sprach.

»Ach, die Armen haben eine schwere Zeit. Estir hat sich als noch schwieriger und rechthaberischer erwiesen als selbst unsere Maiur. Vor acht Tagen hatten wir die Königinnenkonferenz in Thidherm, wie du weißt, und anstatt daß sie sich mit der einer neuen Königin geziemenden Bescheidenheit verhalten und versucht hätte, von den älteren etwas zu lernen, hielt sie den anderen Vorträge darüber, wie man regiert! Als ob die anderen das nicht schon jahrelang getan hätten. Sie hat die Königin von Hawardem beleidigt und wird in Zukunft gewiß nicht mehr eingeladen werden.«

Eine der Wächterinnen von Elham nickte. »Du wirst es ja sowieso erfahren, Iroedh. Ja, wir müssen zugeben, daß sie recht hat. Estir ist eine wahre Heimsuchung. Viele von uns sympathisierten mit dir, damals – nicht, daß du dich nicht auch falsch verhalten hättest, aber Estir übte Verrat. Und die Ehre der Königin ist die Ehre ihres Volkes!«

Eine andere sagte: »Ist ja jetzt alles egal, wo doch die Arsuuni im Anmarsch sind. Nanntest du dich Königin?«

»Ja, gewiß.«

»Aber – *wovon* bist du Königin?«

»Von König Antis, wenn du's wissen willst.«

»Wie ist das möglich? Antis hieß eine Drohne in Elham, die einer Säuberungsaktion entkam; wenn es nicht einen anderen mit diesem Namen gibt – aber ›König‹ ist außerdem ein veralteter Begriff . . .«

»Schwestern, ich habe nicht die Zeit, alles zu erklären, es wird besser sein, ihr laßt uns durch. Und seid nicht beunruhigt, wenn eine ganze Armee von Drohnen hinter mir nachkommt.«

Von Zweifeln geplagt, ließen die Wächterinnen Iroedh und ihre Drohnen ziehen. Sie fuhren über die Lhanwaed-Hügel, am Ufer der Scharlachsee entlang, an der Khinad-Klippe vorbei und die breite Straße bis nach Elham selbst. Iroedh schnürte es ganz sonderbar die Kehle zu, als sie die vertrauten Mauern und Kuppeln hinter den Bäumen auftauchen sah. Sie wünschte sich so sehr, Antis könnte bei ihr sein; was immer auch seine Fehler waren, an Mut fehlte es ihm gewiß nicht.

Iroedh wandte sich an Tregaros: »Wartet hier, so daß man euch vom Tor aus nicht sehen kann. Wenn es Schwierigkeiten gibt, dann sieh zu, daß Antis davon erfährt!«

Sie fuhr weiter. Als sie in die Nähe der Felder kam, beobachtete sie, wie die Doppelposten hin und her liefen und dann doch den Alarm abbliesen, als sie merkten, daß da nicht die Arsuuni die Straße heraufkamen, sondern eine einzelne Avtin in ihrem Wagen.

Am Haupttor fand ein ähnlicher Wortwechsel wie an der Grenze statt. Während eine Wache vorauslief, um die Offiziere zu informieren, begleiteten die anderen Iroedh hinein.

Als sie die Hauptstraße entlang fuhr, kamen von allen Seiten Arbeiterinnen herbeigeströmt und versammelten sich auf dem Platz vor der Großen Kuppel, wo die Straße endete. Auf den Stufen standen die Ratsmitglieder, die Amtsinsignien um den Hals.

Aus der Menge ertönte die rauhe Stimme Rhodhs: »Es ist Iroedh, die Verräterin! Ich wußte immer, daß es mit ihr ein schlimmes Ende nehmen würde!«

Rhodh hatte sich offensichtlich nicht geändert. Iroedh hob eine Hand und sprach:

»Ich grüße euch, Arbeiterinnen von Elham. Wisset, daß ich Königin Iroedh bin, die ihr früher als Arbeiterin gekannt habt; ich bin die Lebensgefährtin von König Antis, den ihr als Drohne gekannt habt. Wir regieren nicht über einen Flekken Land, sondern über ein Heer von Drohnen mit tapferen Herzen und starken Muskeln, die ihr als Abtrünnige gekannt habt . . .«

»Und warum sind sie nicht mehr Abtrünnige?« fragte der General.

»Weil sie mit uns ein neues Leben begonnen haben. Um euch das aber verständlich machen zu können, muß ich euch meine Geschichte erzählen . . .«

Iroedh begann zu erzählen, was ihr widerfahren war, wie sie, um nicht zu verhungern, begonnen hatte, Fleisch zu essen, und wie sie dadurch zur Königin geworden war. Sie wurde unterbrochen durch einen Tumult in der Menge, als Königin Estir sich durchdrängte, die Stahlmachete an ihrer Seite, die Iroedh einst von den Terranern gestohlen hatte.

»Was soll das? Eine andere Königin in meinem Reich? Sie wird keine zehn Sekunden mehr zu leben haben . . .«

»Bitte, Königin, laß sie fertig reden«, sagte der Außenminister. »Das alles ist wichtig!«

So beendete Iroedh ihre Erzählung, berichtete auch von ihrer Vermählung mit Antis. Der Außenminister unterbrach nun mit der Frage: »Was schlägst du vor, was sollen wir tun?«

»Zunächst muß sich Elham mit meinem Heer gegen die Arsuuni verbünden. Wir können euch alle mit *matselhi* ausrüsten, die im Nahkampf viel wirksamer . . .«

»Niemals!« schrie Estir. »Ich habe die *matselhi* zu königlichen Waffen erklärt, die ausschließlich von Königinnen benutzt werden dürfen!«

»Ich glaube ohnedies nicht, daß wir so neumodisches Zeug haben wollen«, sagte der General. »Seit undenklichen Zeiten hat uns der Speer gute Dienste geleistet, und dieses Ding sieht so unzivilisiert aus. Aber fahre fort!«

»Dann, einmal angenommen, wir haben die Arsuuni schlagen können, könnten diejenigen von euch, die funktionstüchtige Weibchen werden wollen, sich mit unseren Drohnen vermählen.«

»Aber Königin Iroedh«, begann die Ackerbaubeauftragte, »was geschieht denn, wenn . . .«

»*Königin* Iroedh!« schrie Estir mit gellender Stimme. »Du bist nichts anderes als die Arbeiterin Iroedh, die weggerannt ist, die die verurteilten Drohnen aus ihrer Zelle befreite!«

»Ich habe es schon gesagt, ich . . .«

»Ach, du wagst nicht nur, unerlaubt in mein Reich einzudringen, du willst auch noch meine Arbeiterinnen weglocken mit deinen monströsen, perversen, unnatürlichen Vorschlägen! Du willst unsere Gesellschaftsordnung untergraben! Wenn jede Arbeiterin eine Königin würde, welche Bestimmung hätte dann noch eine wahre Königin? Wachen, erschlagt diese revoltierende Monstrosität!«

Als einige der Wachen (Iroedh hatte unter ihnen ihre alte Freundin Vardh erkannt) ihre Speere hoben, rief Iroedh: »Wartet! Ich bin trotz allem eine Königin, und niemand darf gegen mich eine Hand erheben!«

Die Wachen zogen sich zurück und wechselten bestürzte Blicke. Ein weiterer Uegwagen stürmte durch das Haupttor, und die ihn lenkende Arbeiterin sprang ab, noch bevor das Fahrzeug zum Halt gekommen war, und lief die Stufen hinauf.

»Königin Estir . . .«

»Ruhe! Ich bin beschäftigt!«

»Aber . . .«

»Ich sagte Ruhe! Verschwinde! Also, Wachen, was ist? Warum tötet ihr diese obszöne Person nicht? Habt ihr meinen Befehl nicht gehört?«

»Ja, Königin, aber das Grundgesetz besagt, daß keiner von uns ein funktionstüchtiges Weibchen . . .«

»Dann werde ich es euch zeigen!« kreischte Estir und zog ihre Machete. Wütend drang sie auf Iroedh ein.

Iroedh hatte in keiner Weise mit einem Duell gerechnet, ja, sie hatte gar nicht mehr an die Originalmachete gedacht, bis sie diese an Estirs Hüfte hatte baumeln sehen. Nun war keine Zeit mehr, eine Rüstung anzulegen. Als sie sich dem Kampf stellte, war ihr einziger Gedanke, daß Antis auf sie böse sein würde, weil sie ein solches Wagnis eingegangen war. Sie empfand eigentlich keine Furcht vor Estir, die ebenfalls nackt war, denn die vielen Tage in der Wildnis hatten sie hart gemacht.

Die Klingen trafen aufeinander und sprangen mit hellem Klingen wieder voneinander ab. Estir schlug zu, von oben, von unten, seitlich – Iroedh wehrte ab, brachte selbst einen Schlag an, der aber spielend abgewehrt wurde, und blitzschnell schlug Estir wieder und wieder zu. Iroedh erinnerte sich, wie fanatisch Estir als Prinzessin geübt hatte, mit den

Waffen umzugehen; heute war ihre Kondition ebenso blendend wie damals.

Estir umkreiste sie, sprang behende vor und zurück, fintete, schlug zu, parierte und fintete wieder. Iroedh erkannte, daß die Stahlklinge viele Vorteile besaß, sie war leichter, stärker und schärfer. Ihre eigene Klinge war schon etwas verbogen und zeigte genug Scharten, um als Säge dienen zu können. Estirs Klinge hingegen schien keinen Schaden gelitten zu haben.

Iroedh versuchte sich zu erinnern, was Bloch über den Gebrauch von Schwertern gesagt hatte: die Terraner hatten sie auch zum Stoß verwendet . . . Sie änderte ihren Griff ein wenig, um zu versuchen, nach Estirs vorgestrecktem Knie zu stoßen.

In diesem Augenblick schlug Estir mit aller Kraft zu, und Iroedhs Machete flog ihr aus der Hand; sie schlitterte über das Pflaster und landete weit weg auf einem Rasenplatz.

»Und jetzt!« schrie Estir, auf den Zehenspitzen balancierend.

Iroedh wußte, daß ihr Ende gekommen war. Estir konnte rennen wie der Blitz, und wenn sich Iroedh umwandte, um zu fliehen oder ihre Machete zu holen, würde sie keine drei Schritte weit kommen, bevor sie die Stahlklinge im Rücken hatte.

Estir kam heran, schwang die Machete über ihrem Kopf und holte zum vernichtenden Schlag aus. Iroedh hatte die Vision, wie ihr Kopf über den Boden rollte, wie einst der von Königin Intar. Mit dem Schlag sprang Estir vor, Sonnenlicht blitzte in der Stahlklinge auf – Iroedh starrte wie gebannt auf diese Klinge. Armer Antis!

Hinter Estir schimmerte eine bronzene Speerspitze auf und traf Estir im Sprung; sie durchdrang ihren Brustkasten und kam unterhalb ihrer rechten Brust wieder heraus. Die stählerne Machete hatte Iroedh nicht getroffen; Estir lag vor ihr auf dem Boden, auf Händen und Knien, der Speerschaft stak in ihrem Rücken wie eine Fahnenstange. Ihre Hände gaben nach, sie fiel auf das Pflaster. Blut sprudelte aus ihrem Mund.

Iroedh sah sich um; wer hatte den Speer geschleudert? Sie sah, wie sich alle mit Ausrufen des Entsetzens von einer Arbeiterin abwandten – sie trug die Rüstung einer Wache, hatte aber keinen Speer in der Hand.

»Vardh!« rief Iroedh. »Du hast mir das Leben gerettet!«

Die Menge zeigte auf sie und rief: »Sie hat eine Königin getötet!« »Eine Königin getötet!« »Erschlagt sie!« »Verbrennt sie!« »Zerreißt sie!«

»Nichts dergleichen werdet ihr tun!« rief Iroedh. »Laßt sie zufrieden, hört ihr?«

Vardh sagte mit zitternder Stimme: »Liebste Iroedh, ich weiß, es war falsch, aber ich liebe dich immer noch mehr als jede andere und ich konnte es einfach nicht mitansehen, wie sie dich umbrachte. *Weu*! Ich nehme an, ich muß mich jetzt selbst töten.«

»Unsinn! Ich bin jetzt Königin von Elham!«

»O nein«, sagte der General. »Du hast Estir nicht in fairem Kampf getötet!«

»Aber ich bin von reinem elhamischem Blut, und auch wenn das Duell nicht nach den Regeln . . . Was ist denn los?«

Die Arbeiterin, die vorhin in dem Wagen gekommen war, versuchte, Iroedhs Aufmerksamkeit auf sie zu lenken. Sie sagte nun:

»Königin Iroedh, die Arsuuni kommen! Sie haben unseren Spähtrupp eingekreist, alle sind tot, nur ich konnte entkommen!«

»Guter Gwyyr!« Eine Menge Arbeiterinnen strömten durch das Haupttor, sie kamen offenbar von den Feldern. Iroedh wandte sich an den General: »Wir wollen ein andermal über Elhams Zukunft diskutieren. Du bereitest dich wohl jetzt besser auf den Kampf vor!«

Hunderte von Arbeiterinnen wimmelten durcheinander und versuchten, den Anordnungen des Generals Folge zu leisten. Iroedh legte die Rüstung, die sie in Ledhwid bekommen hatte, an und begab sich hinunter zum Haupttor; dort bestieg sie einen der Wachtürme. Tregaros und sein Trupp waren nicht zu sehen, und sie überlegte, ob sie nicht zu den Drohnen gehen sollte; doch die waren vielleicht schon umgekehrt, um Antis' Armee zu suchen – und wenn sie *jetzt* ihr Volk im Stich ließ, würde sie sich nie mehr hier sehen lassen können; außerdem würde die Kampfmoral darunter leiden.

Ein Geräusch ließ sie in die andere Richtung blicken; von dort näherte sich doch tatsächlich der Hubschrauber der *Paris*. Jetzt schwebte er über der Stelle, wo die Straße nach Südost durch den Vremoelgarten führte. Das war sicher Bloch mit seiner Bildmaschine. Was aber war diese Staubwolke über dem Obstgarten? Sie erkannte die Messingrüstungen, die in der Sonne aufblitzten – und sie verstand, daß Bloch auf seine Weise versuchte, ihr zu helfen, indem er unmittelbar über dem herannahenden Heer der Arsuuni schwebte.

Iroedh ging zurück zur Hauptkuppel und hob die Stahlmachete auf, die immer noch dort lag. Sie berichtete dem General vom Anmarsch des Feindes und fragte: »Wo kann ich diese Waffe schärfen? Sie ist nicht . . .«

»Aber du kannst doch nicht kämpfen! Du bist eine Königin!«

»Vor fünf Minuten hast du gesagt, ich könnte nicht Königin von Elham sein!«

»Du bist ein funktionstüchtiges Weibchen, und die Arbeiterinnen bestehen darauf, daß der Anstand gewahrt bleibt. Geh in die königliche Kuppel und erwarte den Ausgang des Kampfes!«

»Lächerlich!« Iroedh wandte sich ab, um einen Schleifstein aufzutreiben. Sie fand einen und stellte sich hinten an der Schlange an, die die Arbeiterinnen bildeten, um ihre Speerspitzen zu schärfen.

Ein Getöse von jenseits der Mauer lenkte ihre Aufmerksamkeit ab. Bewaffnete Arbeiterinnen liefen hin und her; an der Mauerkrone erschienen die Spitzen von Leitern, die die Arsuuni angelegt hatten; sie versäumten wirklich keine Zeit. Und gleich darauf zeigten sich unter den vielen kleinen Gestalten auf der Mauer die wesentlich größeren der Arsuuni, die die Leitern hochgeklettert waren und nun versuchten, die Mauerkrone zu erobern. Die Arbeiterinnen, die eben noch angestanden waren, um ihre Waffen zu schärfen, liefen auf ihre Plätze an der Mauer.

Die Arsuuni waren in einer Weise die nächste logische Entwicklungsstufe, zu der das von Königin Danoakor den Avtini auferlegte Sex-Kasten-System geführt hatte. Früher waren die Arsuuni nur eine andere Rasse derselben Spezies gewesen, die sich kaum von den Avtini unterschied. Durch Ernährungskontrolle und spezielle Diätvorschriften war es ihnen jedoch gelungen, nicht nur eine Kaste von neutral-weiblichen Arbeiterinnen zu schaffen, sondern auch eine von neutral-weiblichen Kriegern, bei denen Riesenwuchs auftrat. Sie überragten die normalen Arbeiterinnen um mehr als Haupteslänge und wirkten mit ihren klobigen Händen und breiten Mäulern wie Monster. An der Spitze der arsuunischen Hierarchie stand die Königin, danach kamen gleich die Soldaten (die in Wirklichkeit regierten), und dann die Arbeiterinnen; schließlich gab es unter diesen noch eine Kaste: die große Masse der avtinischen Sklaven, die die meiste Arbeit verrichteten.

Nachdem sie hastig die Klinge gewetzt hatte, kam Iroedh den Arbeiterinnen an einer Stelle der Mauer zu Hilfe, wo der Druck des Feindes am stärksten zu sein schien. Gerade als sie an der Mauer ankam, stürzte eine Verteidigerin herab, von einem arsuunischen Speer durch den Kopf getroffen. Sie war schon tot, als sie mit klirrender Rüstung am Boden aufschlug. Iroedh lief zu den nächstgelegenen Stufen, sprang hinauf und blickte über die Mauer.

Die Arsuuni hatten vorsorglich große Wagen voll mit Sturmleitern mitgebracht, die von zahmen Vakhnags gezogen wurden. Reihenweise lehnten diese Leitern bereits an der

Mauer, etliche hatten die Avtini aber schon nach rückwärts gekippt, und die heruntergefallenen Arsuuni lagen wimmernd am Boden. Infolge ihrer Größe war ein Sturz aus der Höhe für sie viel gefährlicher als für die leichteren Avtini.

Draußen ging ein Riese in vergoldeter Rüstung hin und her und gab Befehle; das war wohl General Omvem von Tvaarm. Über ihnen dröhnte der Hubschrauber.

Jetzt hätte Antis kommen sollen, um mit seinem Drohnenheer den Arsuuni in den Rücken zu fallen! Aber noch war nichts von ihm zu sehen, nicht einmal der Schimmer eines Staubwölkchens auf der Straße von Khinam.

»Hierher! Hierher!« riefen Stimmen zu Iroedhs Rechten, und die Avtini eilten hinüber, wo eben ein neuer Angriff die Verteidiger in Schwierigkeiten brachte. An dieser nur schwach besetzten Stelle war eine ganze Reihe von Leitern aufgestellt worden, und mit dem Schrei: »*Künnef! Künnef!*« stürmten die Riesen auf die Mauer.

Iroedh entdeckte eine Leiter, die der Aufmerksamkeit der anderen entgangen war, und sie versuchte, sie umzustürzen. Instinktiv und im letzten Augenblick warf sie sich zur Seite und entging so dem riesigen Speer, der auf ihren Kopf zugeflogen war. Bevor sie noch einmal die Leiter packen konnte, kamen schon Kopf und Schultern eines Arsuun über den Mauerrand.

Die langmäulige Riesin faßte ihren Speer fester und wollte auf Iroedh einstechen. Diese schlug jedoch die Speerspitze mit ihrem Schild zur Seite und versuchte gleichzeitig, die Angreiferin mit der Kante des Schildes ins Gesicht zu stoßen. Die jedoch hob ihren eigenen Schild, und sekundenlang mahlten die Schilde gegeneinander, als die beiden Kämpferinnen versuchten, einander auszumanövrieren. Iroedh spürte die unglaubliche Kraft ihrer Gegnerin; es war, als kämpfe sie gegen eine riesige Bronzestatue.

Dann sah sie, als die Schilde sich gegeneinander verschoben, das Gesicht ihrer Gegnerin – blitzschnell schlug sie mit der Machete zu. Sie spürte, daß sie getroffen hatte, riß die

Machete zurück und schlug noch einmal und noch einmal in das verhaßte Gesicht. Dann war plötzlich kein Feind mehr da; mit Klirren und Krachen stürzte der mit schwerer Rüstung bewehrte Leichnam über die Leiter zu Boden.

»Komm, Königin!« rief eine Arbeiterin. »Es wird zum Rückzug geblasen!«

Iroedh war zu beschäftigt gewesen, um das Trompetensignal gehört zu haben. Jetzt sah sie, daß auf allen Seiten die Avtini von der Mauer sprangen und in Richtung des Hauptplatzes liefen. In einem Sektor war es den Arsuuni gelungen, die Mauer in ihre Gewalt zu bringen, und der General zog nun seine Truppen zurück, um zu verhindern, daß die äußeren Verteidigungslinien abgeschnitten und einzeln vernichtet wurden.

Iroedh rannte mit den anderen die Stufen hinunter; hinter ihnen schwärmten die Arsuuni über die Mauer und brüllten ihr »*Künnef!*«

Als der General sah, daß Iroedh angerannt kam, schrie er: »Habe ich dir nicht verboten, zu kämpfen! Weißt du nicht, daß in Kriegszeiten auch Königinnen meinem Befehl unterstehen? Jetzt geh in die Mitte des Platzes. Du kannst mit diesem überdimensionalen Obstmesser ohnedies nichts anfangen, wir brauchen dich hier als Symbol!«

»So, ich kann nichts damit anfangen?« schrie Iroedh wütend und hielt dem General ihre blutige Machete unter die Nase; doch er faßte sie bei den Schultern und schob sie auf ihren Platz. Um sie herum bildeten die Arbeiterinnen einen massiven, quadratischen Schutzwall, mit Speeren und Schildern nach außen hin bewehrt, so daß selbst die Arsuuni Schwierigkeiten haben würden, hier durchzubrechen. Aus den umliegenden Kuppelbauten kamen weitere Arbeiterinnen, die Möbel und allerhand Gerätschaften angeschleppt brachten. Aus diesen Dingen wurde eine Art Barrikade um den Platz herum angefertigt.

»Wir sind ihnen noch immer zahlenmäßig überlegen«, hörte Iroedh den General eben sagen. Sie aber wußte nur zu gut, daß ein Arsuun zwei Avtini entsprach, schon allein der Gewichtsüberlegenheit zufolge.

Zwischen den helmgeschmückten Köpfen der Arbeiterreihen hindurch sah Iroedh den Anmarsch des Feindes. General Omvem von Tvaarm kam gemächlich angerückt; sie hatte ihre Soldaten zu einem Keil formiert, der in einem letzten Angriff die Avtini zerschmettern sollte.

Die arsuunische Trompete gab einen tiefen, fast grunzenden Ton von sich, und der Keil stieß zu. Schilde klirrten, Speere zischten. Der Soldat an der Spitze des Keiles fiel, von einem Dutzend Speeren durchbohrt, noch ehe er die Barrikade überklettert hatte; im Fallen riß die Arsuun zwei Avtini mit. Doch die Nachkommen drängten vorwärts und trampelten nieder, was ihnen in den Weg kam. Die quadratische Aufstellung der Avtini verlor ihre Form, schmolz zu einem wogenden Klumpen zusammen, der sich um die stumpf gewordene Spitze des arsuunischen Keiles legte. Diejenigen, die hinter der Frontreihe standen, versuchten, über die Toten und Verwundeten hinweg an ihre Gegner zu gelangen.

Die überragende Größe der Arsuuni gab den Ausschlag; der General, der neben Iroedh gestanden hatte, lag, von einem Speer durchbohrt, am Boden. Iroedh selbst wurde im Kampfgetümmel hin und her gestoßen, man trat ihr auf die Füße und rammte ihr Ellbogen in die Rippen. Eine Arsuun beugte sich über sie, ihren abgebrochenen Speerschaft wie eine Keule schwingend. Obwohl Iroedh den Schlag mit ihrem Schild auffing, hatte sie danach ein Gefühl, als sei ihr Arm gebrochen.

Dann ließ der Druck des Feindes nach, doch der Lärm wurde noch lauter. Als Iroedh sich umsah, bemerkte sie Gestalten an der Mauer, glänzende Rüstungen ... das Drohnenheer war gekommen! Zu Hunderten kamen sie über die Mauer, stürzten sich auf die schon siegessicheren Arsuuni; die vordersten Reihen waren mit Macheten ausgerüstet. Sie unterliefen die Speere und schlugen ihre Macheten in die

Beine der arsuunischen Riesinnen, dort, wo sich zwischen Schurz und Beinschiene ein handbreites Stück des Oberschenkels ungeschützt darbot. Die Arsuuni fielen wie Bäume, auch General Omvem, von vier Drohnen zugleich angegriffen.

Die führerlosen, eingeschlossenen Arsuuni rannten ziellos umher und versuchten, irgendwo durchzubrechen. Doch kaum hatte sich eine vom Getümmel abgesetzt, fielen die Drohnen über sie her und hieben ihr in die Beine, bis sie stürzte.

Und dann waren plötzlich keine Arsuuni mehr auf den Beinen, einige hundert lagen am Boden, und die Avtini schnitten jenen, die sich noch rührten, die Kehlen durch.

Iroedh, die sich auch daran beteiligte, fühlte sich plötzlich von einem Paar blutiger Hände gepackt, hochgehoben und gedrückt, bis ihr die Luft ausging. Es war Antis! Nachdem er seine Umarmung gelöst hatte, gab er ihr einen Klaps auf das Hinterteil. Von ihm ließ sie es sich gerne gefallen.

»Hab' ich dir nicht gesagt, du sollst nicht so weit voraus«, knurrte er. »Wir rannten uns die Beine ab, um dich einzuholen, und wären doch fast zu spät gekommen. Aber wir hatten dreimal Glück, Gwyyr sei's gedankt! Erst begegneten wir einer andern Drohnenbande, die sich uns anschloß. Dann, als wir zu den Lhanwaed-Hügeln kamen, sahen wir, daß der gute alte Umwys die ganze Zeit nichts als matselhi geschmiedet hatte, fast hundert Stück hatte er fertig. Ich kaufte alle und konnte so meine Leute bewaffnen; besser, als ich es mir je zu erhoffen gewagt hätte. Und der letzte Glücksfall: Die Arsuuni waren so freundlich gewesen, ihre Leitern an der Mauer lehnen zu lassen, so daß wir es leicht hatten, darüberzukommen. Aber wie geht's dir?«

Iroedh sah, daß kaum die Hälfte der Arbeiterinnen von Elham überlebt hatte; Rhodh, eine der mutigsten Kämpferinnen, war gefallen, ebenso Tydh und Iinoedh und viele ihrer alten Freundinnen. Nur zwei Offiziere hatten überlebt. Die Verluste der Drohnen waren unbedeutend, die Arsuuni aber waren alle ausgelöscht, keine einzige der Riesinnen hatte die Schlacht überlebt.

Iroedh erzählte Antis, was geschehen war, seit sie sich getrennt hatten.

»Jetzt«, endete sie, »da Estir und die konservativen Offiziere tot sind, hoffe ich, daß die Überlebenden unseren Vorschlag annehmen und sich mit den Drohnen vermählen werden.«

»Sie würden gut daran tun! Wir alle sind voll Sehnsucht nach den Seligkeiten des Ehelebens, und jeder von uns möchte lieber heute als morgen eine Arbeiterin packen und sie mit Steaks füttern. Apropos Steaks . . .«

Antis warf ihr einen Blick zu, den sie nur allzugut kannte. Doch da landete eben der Hubschrauber, von den Avtini, die ihn noch nicht kannten, neugierig bestaunt, und Bloch kletterte heraus.

»Meine Glückwünsche zu eurem Sieg!« rief er.

»Nun, dir verdanken wir ihn nicht!« meinte Antis mit säuerlicher Miene.

»Aber Antis«, lachte Iroedh, »du vergißt das hier!« Und sie schwang ihre Machete.

Bloch schnappte nach Luft. »Du meinst, ihr hattet nichts dergleichen, bevor wir kamen? Und ihr habt sie kopiert?«

»Ja.«

»Ogottogott, jetzt sitz ich in der Tinte! Aber du hast mir doch erzählt . . .«

»Ja, ich weiß, aber ich habe eben die Wahrheit ein bißchen ausgeschmückt, nur um mein Volk zu retten. Wir werden den anderen Terranern nichts davon erzählen, und wahrscheinlich erfahren sie es nie!«

Bloch schüttelte den Kopf. »Hoffen wir, daß es so ist. Ich hätte daran denken sollen, wie die Schwerter der spanischen Konquistadoren unter den armen . . . aber davon wißt ihr ja nichts. Ich möchte noch ein paar Aufnahmen machen und ein paar von den toten Arsuuni mitnehmen. Sie wären wertvoll für meine Sammlung eingeborener Fauna.«

»Nur zu«, meinte Iroedh und legte ihre blutbefleckte Kleidung ab. »Ach, da ist ja Vardh!«

Vardh hatte einen verwundeten Arm und machte einen niedergeschlagenen Eindruck. Der Königliche Offizier sagte: »Man wird Vardh hier nicht leben lassen: selbst wenn alle euer neues System akzeptieren, bleibt doch immer noch die Tatsache des Königinnenmordes bestehen . . .«

Vardh blickte auf. »Ich weiß. Und da du jetzt Antis hast, brauchst du mich nicht mehr, und so wird es für uns alle leichter sein . . . «

Sie hob einen Speer auf, hielt ihn mit der Spitze gegen ihre Brust und lief auf die Mauer zu.

»Nein, halt sie auf!« schrie Iroedh.

Antis warf Iroedh einen überraschten Blick zu, sprang aber dann Vardh nach, packte sie beim Schopf und entwand ihr den Speer.

»Närrin«, grunzte er. »Als wenn unser Volk nicht schon genug Leute verloren hätte!«

Iroedh sagte: »Es gibt keinen Grund für dich, dir das Leben nehmen zu wollen. Ich weiß etwas Besseres.«

»Was denn? Vielleicht so ein geschwollenes Weibchen zu werden und mich den gräßlichen Umarmungen eines lüsternen Drohnenmannes zu unterwerfen? Nein, danke!«

»Wie gefiele es dir, das neue Orakel von Ledhwid zu werden?«

»Ich, ein Orakel?«

»Ja, warum denn nicht? Das alte starb, ohne einen Nachfolger zu hinterlassen, also könnte dieser Posten von dem ersten, der kommt, eingenommen werden. Und ich kann mir dich gut als Orakel vorstellen!«

»Ich werd's mir überlegen«, meinte Vardh. »Entschuldige, daß ich so unfreundlich bin. Ich habe dich noch immer gern, aber alles ist so verwirrend.«

Tregaros sagte: »Königin Iroedh, du solltest sofort einen Angriff auf Tvaarm starten. Sie haben dort nur noch eine Handvoll Soldaten und erwarten natürlich keinen Angriff.

Die avtinischen Sklaven werden ihnen gewiß nicht helfen. Ein rascher Marsch und ein überraschender Nachtangriff, hm? Wir könnten ihre eigenen Leitern nehmen . . .«

Der Bursche hat sicher recht, dachte Iroedh, aber nach all dem Blutvergießen konnte sie gar nicht daran denken. Auch wollte sie nicht, daß Antis sich noch einmal in einen Kampf stürzte, in all seiner närrischen Tapferkeit könnte er womöglich selbst getötet werden. So sagte sie zum Königlichen Offizier: »Haben die Überlebenden des Rates meinen Vorschlag angenommen?«

»O Königin, wir sind alle so verwirrt, wir wissen nicht, was wir sagen sollen. Ich werde mit meinem Kollegen darüber sprechen.«

Bald darauf kamen die beiden Offiziere zurück. Der Königliche Offizier ergriff das Wort: »Königin Iroedh, wir akzeptieren dich und stimmen zu, dein Programm einer gemischten Ernährung durchzuführen, wenn du uns versprichst, unsere verfassungsmäßigen Rechte unangetastet zu lassen. Willst du das?«

»Gewiß.«

Die Offiziere gingen wieder, um für ein Massenbegräbnis zu sorgen. Es gab viel zu viele Leichen, als daß sie hätten von den Seifenfabriken verarbeitet werden können. Die überlebenden Arbeiterinnen gingen schweigend und niedergeschlagen ans Werk; alle hatten zu viele Freunde verloren, um sich des Sieges richtig freuen zu können. Während die Toten weggeschafft wurden, wandte sich Bloch wieder an die beiden Avtini.

»Iroedh, Antis! Habe ich euch schon gesagt, daß Subbarau für euch einen Posten hätte?«

»Was?« fragte Antis.

»Er kann euch nicht mit auf die Erde nehmen, aber er würde euch gerne zu Repräsentanten der *Viagens Interplanetarias* machen, hier auf Ormazd. Wir versuchen immer, einen verläßlichen Eingeborenen sozusagen als Mittelsmann auf den verschiedenen Planeten einzusetzen. Das würde bedeuten, ihr müßtet uns zunächst einmal auf unserer Fahrt zu den einzelnen Kontinenten begleiten und euch mit den dort herrschenden Kulturen und den Sprachen vertraut machen.«

»Das klingt gut«, erwiderte Iroedh, »ich muß es aber zuerst mit Antis besprechen.« Sie nahm ihn beiseite und fragte: »Was hältst du davon? Ich bin dafür.«

Antis sah sie zweifelnd an. »Wir haben hier eine Aufgabe als König und Königin einer neuen bisexuellen Volksgemeinschaft, nicht? Was sollen wir da herumfliegen, Gwyyr weiß wohin!«

»Und was ist ein König und eine Königin unter den neuen Bedingungen? Früher war die Königin dazu da, die Eier zu legen, aber wenn alle Arbeiterinnen funktionstüchtige Weibchen sind, wozu ist da noch eine Königin gut? Wir hätten keinerlei politische Macht, insbesondere, da sie mich gewarnt haben, an ihre konstitutionellen Rechte zu rühren.«

»Ich weiß nicht . . .«, sagte Antis.

Iroedh fragte sanft: »Fürchtest du dich denn vor dem Himmelsschiff?«

»Ich?« Sein Gesichtsausdruck änderte sich augenblicklich. »Warum sollte ich? Wenn wir hier blieben, wären wir doch nichts als dekorative Schaustücke, verehrt, aber unfähig, etwas zu *tun*?«

»Genau. Aber wenn wir das Angebot der Terraner akzeptieren . . .«

»Dann haben wir auch keinen Augenblick Langeweile. Wie ich schon immer gesagt habe, unsere Zukunft liegt bei den Terranern. Wir wollen Daktablak rasch zusagen, bevor er sich's anders überlegen kann.«

Der Königliche Offizier tauchte wieder an Iroedhs Seite auf. »Tregaros möchte eine Strafexpedition nach Tvaarm rüsten, und wenn du nichts dagegen hast, könnten wir morgen aufbrechen. Wir sind jedoch übereingekommen, daß du und Antis hier bleiben; ihr dürft euch nicht wieder den Gefahren eines Kampfes aussetzen.«

»Macht nur, wie ihr wollt«, entgegnete Iroedh. »Die Himmelsleute haben uns einen viel bedeutenderen Posten angeboten als die Regentschaft über ein Volk.«

»Und was ist das?«

Iroedh erzählte dem Offizier vom Angebot der Terraner. Antis fügte hinzu: »Sie hat ganz recht. Nachdem ich den größten Teil meines Lebens eingesperrt im Drohnenharem verbracht habe, ist nicht einmal ein ganzer Kontinent groß genug für mich.«

»Großer Eunmar«, sagte der Offizier. »Ist das eine Überraschung! Aber ich hoffe, wir dürfen dich weiterhin ›Königin‹ nennen, als Ehrentitel!«

»Natürlich. Ich werde auch die königlichen Insignien tragen, wenn ich euch besuche, aber ihr müßt für Antis einen gleichen Schmuck anfertigen lassen.«

»Gerne. Wir brauchen doch ein Symbol, das unsere Loyalität gegeneinander und dem Volk gegenüber manifestiert, etwas, das unser Gefühl anspricht . . .«

»Gefühl!« rief Iroedh, »natürlich, das erinnert mich an Elnora, nie habe ich erfahren, was mit ihr geschah!«

»Wer oder was ist Elnora?« fragte der Königliche Offizier.

»Eine Gestalt aus einem Buch, das mir Daktablaks Gemahlin einmal gegeben hat. Und wenn ich sonst gar nichts von Elham mitnehme, dieses Buch hätte ich gerne. Was wohl aus ihm geworden ist, als ich vertrieben wurde?«

Vardh mischte sich ein: »Ich habe es damals aus deiner Zelle geholt und in meiner eigenen verborgen, falls du irgendwann einmal zurückkehren solltest. Du findest es unter meinem Strohsack.«

»Ich danke dir, Liebste! Ich bin gleich wieder da!«

Sie sprang durch das Portal. »Warte doch, meine Schöne«, rief Antis, »ich komme mit!« Und hinter den beiden fiel die Tür ins Schloß.

GLOSSAR ORMAZDINISCHER NAMEN UND WÖRTER

Aithles – der König in der Idhigos-Saga.

Antis – ein Drohnenmann von Elham und Iroedhs bester Freund.

Arsuuni – eine den Avtini feindliche Rasse (*Arshuul* in ihrer eigenen Sprache).

Arsuunyk – die Sprache der Arsuuni.

Avpandh – eine Arbeiterin von Elham.

Avtini – die höchstentwickelte Rasse von Ormazd (Singular *Avtin*).

Avtinid – das Land der Avtini.

Avtiny – Adjektiv zu Avtini.

Avtinyk – avtinisch, die Sprache der Avtini.

Baorthus – ein Drohnenmann von Elham.

borb – eine der Meile vergleichbare Entfernungseinheit.

branio – ›halt‹ auf avtinisch.

dairtel – eine Pflanze mit nußartigen Früchten.

Danoakor – eine einstige Königin der Avtini, Urheberin der Ernährungsreform.

Denüp – ein Volk der Arsuuni.

Dhiis – ein Gott der alten avtinischen Religion.

dhug – ein kleines Stacheltier.

dhwyg – ein vielbeiniges Kriechtier.

Dyos – ein Drohnenmann von Elham.

Eiudh – eine Arbeiterin von Elham.

Elham – das Avtini-Volk, dem die Heldin angehört.

Elhamni – die Angehörigen von Elham.

Enroys – ein früherer Orakelmeister von Ledhwid.

Estir – Kronprinzessin von Elham.

Eunmar – eine Göttin der alten avtinischen Religion.

Garnedh – eine Priesterin von Ledhwid.
Geyliad – Schauplatz des *Liedes von Geyliad.*
Gliid – ein unbewohntes Tal in der Nähe von Thidhem.
Gogledh – eine Arbeiterin von Thidhem.
Gruvadh – eine Arbeiterin von Elham.
Gunes – ein Drohnenmann in der *Idhios-Saga.*
Gwyyr – die alte avtinische Göttin des Glücks.

Hawardem – avtinische Volksgemeinschaft im Norden.
Ho-olhed – der Stern Prokyon.
hudig – ein kleiner, eßbarer Pflanzenfresser.
huusg – ein quallenähnliches Seetier (und ein Sternbild).
Hwead – eine Schlucht in der Nähe von Ledhwid.

Idhios – Held der *Idhios-Saga.*
Igog – ein feuerspeiendes Ungeheuer im *Märchen von Mantes.*
Iinoedh – eine Arbeiterin von Elham.
Inimdhad – ein in der *Idhios-Saga* erwähnter Ort.
Intar – Königin von Elham.
Iroedh – Arbeiterin von Elham, die Heldin.
Ithodh – eine Arbeiterin von Yeym.

khal – ein Baum mit eßbaren Samen.
Khinad-Klippe – ein Ort in der Nähe von Elham.
Khinam – eine Ruinenstadt auf der *Khinad-Klippe.*
Khwiem – eine avtinische Volksgemeinschaft.
künnef – der Kriegsruf der Arsuuni.
Kutanas – ein Drohnenmann von Elham.
kwa – ›Hurra!‹ auf avtinisch.

Ledhwid – Sitz eines berühmten Orakels.
leipag – ein mittelgroßer, eßbarer Pflanzenfresser.
Lhanwaed – eine Hügelkette in der Nähe von Elham.
Lhuidh – eine Priesterin von Ledhwid.

Maiur – Königin von Thidhem.
Mantes – Held des *Märchens von Mantes.*
matselh – ›Machete‹ auf avtinisch.

neiriog – ein kleines, oft als Schoßtier gezähmtes Geschöpf.
Niond – avtinisch für ›Erde‹, ›Boden‹ oder ›Welt‹.
noag – ein großer Fleischfresser.

oedhurh – ›Liebe‹ auf avtinisch.
Omvem – General von Tvaarm.
Omvyr – Königin von Tvaarm (in ihrer eigenen Sprache *Omförs*).

pandre-eg – ein großer, wilder Pflanzenfresser, verwandt mit dem ueg.
Pligayr – Intars Vorgängerin als Königin von Elham.
pomuia – eine Blüten und Früchte tragende Pflanze.
prutha – ein Ausruf des Ärgers.

Rhodh – Arbeiterin von Elham.
Rhuar – eine ehemalige Königin von Elham.
rumdrekh – ein Selbstverteidigungssystem.

Santius – ein Drohnenmann in der *Idhios-Saga.*
suroel – eine Pflanze, deren Fasern für Textilien verwendet werden.
Sveik – ›Erde‹ auf Arsuunyk.

tarhail – ein kultiviertes Getreidegras.
telh – eine Flöte.
Thidhem – eine benachbarte avtinische Volksgemeinschaft von Elham.
Tiwinos – ein Gott der alten avtinischen Religion.
Tregaros – ein Drohnenmann, Offizier von Wythias.
Tvaarm – eine Volksgemeinschaft der Arsuuni (in ihrer eigenen Sprache: *Tvaar*).

Tydh – eine Arbeiterin von Elham.

ueg – ein großes, zweibeiniges, domestiziertes Zugtier.
uintakh – ein dem Kegeln ähnliches Spiel.
umdhag – ein kleines Tier.
Umwys – ein abtrünniger Drohnenmann, ein Schmied.

vakhnag – ein sehr großer, pflanzenfressender Vierbeiner.
vakhwil – ein Baum, dessen Rinde als Schreibmaterial verwendet wird.
valh – avtinisch für ›Messer‹.
Vardh – eine Arbeiterin von Elham, Iroedhs beste Freundin.
Vinir – die Königin in der *Idhios-Saga*.
vremoel – eine Frucht.

weu – ein Ausruf der Bestürzung.
Wisgad – ein Vulkan in der Nähe von Gliid.
Wythias – der Anführer einer Bande von abtrünnigen Drohnen.

Yaedh – eine Priesterin von Ledhwid.
Yeym – eine von den Arsuuni vernichtete Volksgemeinschaft der Avtini.
Ystalverdh – eine Priesterin von Ledhwid.
Ytidh – eine Arbeiterin von Elham.